最新法律文件解读丛书

刑事
法律文件解读

XINGSHI FALU WENJIAN JIEDU

人民法院出版社　编

总第192辑　2021.06

人 民 法 院 出

图书在版编目(CIP)数据

刑事法律文件解读. 总第192辑 / 人民法院出版社编
. --北京 : 人民法院出版社, 2021. 10
(最新法律文件解读丛书)
ISBN 978-7-5109-3300-4

Ⅰ. ①刑… Ⅱ. ①人… Ⅲ. ①刑法–法律解释–中国
②刑事诉讼法–法律解释–中国 Ⅳ. ①D924. 05
②D925. 205

中国版本图书馆 CIP 数据核字(2021)第198313号

刑事法律文件解读·总第192辑
人民法院出版社　编

责任编辑　路建华　**执行编辑**　杨晓燕
出版发行　人民法院出版社
地　　址　北京市东城区东交民巷27号　邮编　100745
电　　话　(010)67550508(责任编辑)　67550558(发行部查询)
65223677(读者服务部)
客服QQ　2092078039
网　　址　http://www.courtbook.com.cn
E - mail　courtbook@sina.com
印　　刷　三河市国英印务有限公司
经　　销　新华书店
开　　本　787毫米×1092毫米　1/16
字　　数　108千字
印　　张　8
版　　次　2021年10月第1版　2021年10月第1次印刷
书　　号　ISBN 978-7-5109-3300-4
定　　价　28.00元

卷首语

近些年来，电信网络诈骗犯罪活动持续高发多发，犯罪形势日趋严峻复杂。围绕电信网络诈骗犯罪，还产生了一系列黑灰产业链，形成大量上下游关联犯罪，成为电信网络诈骗犯罪不断发展蔓延的催化剂和助燃剂，严重侵害了人民群众的财产安全和其他合法权益，严重影响社会和谐稳定。为进一步依法严厉惩治电信网络诈骗犯罪，对其上下游关联犯罪实行全链条、全方位打击，最高人民法院、最高人民检察院、公安部发布《关于办理电信网络诈骗等刑事案件适用法律若干问题的意见（二）》（以下简称《意见》）。本辑重点收录了《意见》及其答记者问文章，以便相关刑事办案人员了解和准确把握条文的具体含义。

本辑也收录了“检察机关与各方力量携手构建未成年人保护大格局典型案（事）例”及“在校学生涉‘两卡’犯罪典型案例”。

此外，本辑“司法实务问题研究”栏目刊载了《审判视角下的量刑建议运行研究——以湖州法院认罪认罚案件为样本》，“新类型疑难案例选评”栏目刊载了《蒋某敲诈勒索案［评析］职业索赔能否构成敲诈勒索罪》，对刑事审判工作中审理同类型的案件具有一定的借鉴及参考作用。

《最新法律文件解读》丛书

编　辑　部

兰丽专　（010）67550626

丁丽娜　（010）67550608

张　奎　（010）67550673

路建华　（010）67550660

杨晓燕　（010）67550508

执行编辑　杨晓燕

邮　　箱　5184621@qq.com

目录

司法解释、司法指导性文件与解读

指导案例、典型案例与解读

司法实务问题研究

新类型疑难案例选评

司法解释、司法指导性文件与解读

最高人民法院　最高人民检察院　公安部
关于办理电信网络诈骗等刑事案件适用法律若干问题的意见（二）

2021年6月17日　　　　　　　　　　法发〔2021〕22号

为进一步依法严厉惩治电信网络诈骗犯罪，对其上下游关联犯罪实行全链条、全方位打击，根据《中华人民共和国刑法》《中华人民共和国刑事诉讼法》等法律和有关司法解释的规定，针对司法实践中出现的新的突出问题，结合工作实际，制定本意见。

一、电信网络诈骗犯罪地，除《最高人民法院、最高人民检察院、公安部关于办理电信网络诈骗等刑事案件适用法律若干问题的意见》规定的犯罪行为发生地和结果发生地外，还包括：

（一）用于犯罪活动的手机卡、流量卡、物联网卡的开立地、销售地、转移地、藏匿地；

（二）用于犯罪活动的信用卡的开立地、销售地、转移地、藏匿地、使用地以及资金交易对手资金交付和汇出地；

（三）用于犯罪活动的银行账户、非银行支付账户的开立地、销售地、使用地以及资金交易对手资金交付和汇出地；

（四）用于犯罪活动的即时通讯信息、广告推广信息的发送地、接受地、到达地；

（五）用于犯罪活动的“猫池”（Modem Pool）、GOIP 设备、多卡宝等硬件设备的销售地、入网地、藏匿地；

（六）用于犯罪活动的互联网账号的销售地、登录地。

二、为电信网络诈骗犯罪提供作案工具、技术支持等帮助以及掩饰、隐瞒犯罪所得及其产生的收益，由此形成多层级犯罪链条的，或者利用同一网站、通讯群组、资金账户、作案窝点实施电信网络诈骗犯罪的，应当认定为多个犯罪嫌疑人、被告人实施的犯罪存在关联，人民法院、人民检察院、公安机关可以在其职责范围内并案处理。

三、有证据证实行为人参加境外诈骗犯罪集团或犯罪团伙，在境外针对境内居民实施电信网络诈骗犯罪行为，诈骗数额难以查证，但一年内出境赴境外诈骗犯罪窝点累计时间 30 日以上或多次出境赴境外诈骗犯罪窝点的，应当认定为刑法第二百六十六条规定的“其他严重情节”，以诈骗罪依法追究刑事责任。有证据证明其出境从事正当活动的除外。

四、无正当理由持有他人的单位结算卡的，属于刑法第一百七十七条之一第一款第（二）项规定的“非法持有他人信用卡”。

五、非法获取、出售、提供具有信息发布、即时通讯、支付结算等功能的互联网账号密码、个人生物识别信息，符合刑法第二百五十三条之一规定的，以侵犯公民个人信息罪追究刑事责任。

对批量前述互联网账号密码、个人生物识别信息的条数，根据查获的数量直接认定，但有证据证明信息不真实或者重复的除外。

六、在网上注册办理手机卡、信用卡、银行账户、非银行支付账户时，为通过网上认证，使用他人身份证件信息并替换他人身份证件相片，属于伪造身份证件行为，符合刑法第二百八十条第三款规定的，以伪造身份证件罪追究刑事责任。

使用伪造、变造的身份证件或者盗用他人身份证件办理手机卡、信用卡、银行账户、非银行支付账户，符合刑法第二百八十条之一第一款规定的，以使用虚假身份证件、盗用身份证件罪追究刑事责任。

实施上述两款行为，同时构成其他犯罪的，依照处罚较重的规定定罪处罚。法律和司法解释另有规定的除外。

七、为他人利用信息网络实施犯罪而实施下列行为，可以认定为刑法第二百八十七条之二规定的“帮助”行为：

（一）收购、出售、出租信用卡、银行账户、非银行支付账户、具有支付结算功能的互联网账号密码、网络支付接口、网上银行数字证书的；

（二）收购、出售、出租他人手机卡、流量卡、物联网卡的。

八、认定刑法第二百八十七条之二规定的行为人明知他人利用信息网络实施犯罪，应当根据行为人收购、出售、出租前述第七条规定的信用卡、银行账户、非银行支付账户、具有支付结算功能的互联网账号密码、网络支付接口、网上银行数字证书，或者他人手机卡、流量卡、物联网卡等的次数、张数、个数，并结合行为人的认知能力、既往经历、交易对象、与实施信息网络犯罪的行为人的关系、提供技术支持或者帮助的时间和方式、获利情况以及行为人的供述等主客观因素，予以综合认定。

收购、出售、出租单位银行结算账户、非银行支付机构单位支付账户，或者电信、银行、网络支付等行业从业人员利用履行职责或提供服务便利，非法开办并出售、出租他人手机卡、信用卡、银行账户、非银行支付账户等的，可以认定为《最高人民法院、最高人民检察院关于办理非法利用信息网络、帮助信息网络犯罪活动等刑事案件适用法律若干问题的解释》第十一条第（七）项规定的“其他足以认定行为人明知的情形”。但有相反证据的除外。

九、明知他人利用信息网络实施犯罪，为其犯罪提供下列帮助之一的，可以认定为《最高人民法院、最高人民检察院关于办理非法利用信息网络、帮助信息网络犯罪活动等刑事案件适用法律若干问题的解释》第十二条第一款第（七）项规定的“其他情节严重的情形”：

（一）收购、出售、出租信用卡、银行账户、非银行支付账户、具有支付结算功能的互联网账号密码、网络支付接口、网上银行数字证书5张（个）以上的；

（二）收购、出售、出租他人手机卡、流量卡、物联网卡20张以上的。

十、电商平台预付卡、虚拟货币、手机充值卡、游戏点卡、游戏装备等经销商，在公安机关调查案件过程中，被明确告知其交易对象涉嫌电信网络诈骗犯罪，仍与其继续交易，符合刑法第二百八十七条之二规定的，以帮助信息网络犯罪活动罪追究刑事责任。同时构成其他犯罪的，依照处罚较重的规定定罪处罚。

十一、明知是电信网络诈骗犯罪所得及其产生的收益，以下列方式之一予以转账、套现、取现，符合刑法第三百一十二条第一款规定的，以掩饰、隐瞒犯罪所得、犯罪所得收益罪追究刑事责任。但有证据证明确实不知道的除外。

（一）多次使用或者使用多个非本人身份证明开设的收款码、网络支付接口等，帮助他人转账、套现、取现的；

（二）以明显异于市场的价格，通过电商平台预付卡、虚拟货币、手机充值卡、游戏点卡、游戏装备等转换财物、套现的；

（三）协助转换或者转移财物，收取明显高于市场的“手续费”的。

实施上述行为，事前通谋的，以共同犯罪论处；同时构成其他犯罪的，依照处罚较重的规定定罪处罚。法律和司法解释另有规定的除外。

十二、为他人实施电信网络诈骗犯罪提供技术支持、广告推广、支付结算等帮助，或者窝藏、转移、收购、代为销售及以其他方法掩饰、隐瞒电信网络诈骗犯罪所得及其产生的收益，诈骗犯罪行为可以确认，但实施诈骗的行为人尚未到案，可以依法先行追究已到案的上述犯罪嫌疑人、被告人的刑事责任。

十三、办案地公安机关可以通过公安机关信息化系统调取异地公安机关依法制作、收集的刑事案件受案登记表、立案决定书、被害人陈述等证据材料。调取时不得少于两名侦查人员，并应记载调取的时间、使用的信息化系统名称等相关信息，调取人签名并加盖办案地公安机关印章。经审核证明真实的，可以作为证据使用。

十四、通过国（区）际警务合作收集或者境外警方移交的境外证据材料，确因客观条件限制，境外警方未提供相关证据的发现、收集、保管、移交情况等材料的，公安机关应当对上述证据材料的来源、移交过程以及种类、数量、特征等作出书面说明，由两名以上侦查人员签名并加盖公安机关印章。经审核能够证明案件事实的，可以作为证据使用。

十五、对境外司法机关抓获并羁押的电信网络诈骗犯罪嫌疑人，在境内接受审判的，境外的羁押期限可以折抵刑期。

十六、办理电信网络诈骗犯罪案件，应当充分贯彻宽严相济刑事政策。在侦查、审查起诉、审判过程中，应当全面收集证据、准确甄别犯罪嫌疑人、被告人在共同犯罪中的层级地位及作用大小，结合其认罪态度和悔罪表现，区别对待，宽严并用，科学量刑，确保罚当其罪。

对于电信网络诈骗犯罪集团、犯罪团伙的组织者、策划者、指挥者和骨干分子，以及利用未成年人、在校学生、老年人、残疾人实施电信网络诈骗的，依法从严惩处。

对于电信网络诈骗犯罪集团、犯罪团伙中的从犯，特别是其中参与时间相对较短、诈骗数额相对较低或者从事辅助性工作并领取少量报酬，以及初犯、偶犯、未成年人、在校学生等，应当综合考虑其在共同犯罪中的地位作用、社会危害程度、主观恶性、人身危险性、认罪悔罪表现等情节，可以依法从轻、减轻处罚。犯罪情节轻微的，可以依法不起诉或者免予刑事处罚；情节显著轻微危害不大的，不以犯罪论处。

十七、查扣的涉案账户内资金，应当优先返还被害人，如不足以全额返还的，应当按照比例返还。

最高人民法院　最高人民检察院　公安部

发布办理电信网络诈骗等刑案意见（二）答记者问

（2021年6月22日）

时　间：2021年6月22日（星期二）上午10：00

地　点：最高人民法院全媒体新闻发布厅

出席嘉宾：最高人民法院刑三庭副庭长　李睿懿

最高人民检察院第四检察厅副厅长　刘太宗

公安部刑事侦查局副局长　姜国利

主 持 人：最高人民法院新闻局副局长　王　斌

发布内容：发布《最高人民法院、最高人民检察院、公安部关于办理电信网络诈骗等刑事案件适用法律若干问题的意见（二）》并回答记者提问。

各位记者：

大家上午好！今天，最高人民法院、最高人民检察院、公安部《关于办理电信网络诈骗等刑事案件适用法律若干问题的意见（二）》（以下简称《意见二》）正式公布。现将《意见二》的制定背景和主要内容说明如下：

一、《意见二》的制定背景

近些年来，电信网络诈骗犯罪活动持续高发多发，犯罪形势日趋严峻复杂。围绕电信网络诈骗犯罪，还产生了一系列黑灰产业链，形成大量上下游关联犯罪，成为电信网络诈骗犯罪不断发展蔓延的催化剂和助燃剂，严重侵害了人民群众的财产安全和其他合法权益，严重影响社会和谐稳定。以习近平同志为核心的党中央高度重视打击治理电信网络诈骗违法犯罪工作，习近平总书记多次作出重要指示批示，为打击治理工作指明了方向、提供了根本遵循。最高人民法院、最高人民检察院、公安部等部门坚决贯彻落实习近平总书记重要指示批示精神，在注重综合施策、源头治理的同时，坚持依法从严惩处的方针，坚决予以严厉打击。为此，中央部署深入开展打击治理电信网络新型违法犯罪专项行动，取得显著成效。2016 年 12 月，最高人民法院、最高人民检察院、公安部联合发布了《关于办理电信网络诈骗等刑事案件适用法律若干问题的意见》（以下简称《意见一》），为公检法机关依法办案提供更加明确具体的适用法律依据。四年来，全国公安机关、检察院、法院适用刑法、相关司法解释以及《意见一》侦查、起诉、审判了一大批电信网络诈骗犯罪案件及其关联犯罪案件，95% 以上的被告人被判处有期徒刑以上刑罚，对于有效打击遏制电信网络诈骗犯罪活动发挥了重要作用。

当前，电信网络诈骗犯罪发案仍居高位，在一些大中城市，此类案件发案量在刑事案件中的占比甚至达到 50%；电信网络诈骗大要案件频发，造成群众财产损失巨大。仅 2020 年，全国电信网络诈骗案件涉及财产损失即达 353.7 亿元。另外，随着现代通讯和移动支付技术的迅猛发展，特别是境内打击力度的空前加大，大批诈骗窝点向境外转移，非法交易手机卡、信用卡愈加猖獗，司法实践中亦出现了许多新的问题，我们打击此类犯罪面临更严峻的挑战和更高的要求。

为适应新形势的发展和现实斗争需要，进一步明确法律标准，依法严厉惩治、有效打击电信网络诈骗及其关联犯罪，最高人民法院、最高人民检察院、公安部针对实际情况，坚持问题导向，深入调查研究，广泛征求意见，反复研究论证，根据刑法和有关司法解释的规定，联合制定出台了《意见二》。《意见二》在《意见一》的基础上，对于电信网络诈骗犯罪以及涉手机卡、信用卡犯罪等关联犯罪，提出更加明确具体的适用法律依据。我们相信，《意见二》的制定出台，对于政法机关更加有力、准确、及时、有效地打击电信网络诈骗犯罪及其关联犯罪，必将发挥重要的作用。

二、《意见二》的主要内容和特点

《意见二》共十七条。针对司法实践中存在的新的突出问题，如电信网络诈骗犯罪案件及关联犯罪案件的管辖、跨境电信网络诈骗犯罪案件的取证、涉手机卡、信用卡即所谓“两卡”犯罪案件的处理、办理电信网络诈骗犯罪案件的政策适用等问题进行了规定。主要体现了三方面的原则性要求。

（一）继续坚持从严惩处方针，强调贯彻宽严相济刑事政策

一是将跨境电信网络诈骗犯罪作为“重中之重”严厉惩处，特别是解决跨境电信网络诈骗犯罪取证难、定罪难的问题。在严厉打击的高压下，境内大批电信网络诈骗窝点已经向境外转移，对境内群众疯狂实

施诈骗。据统计，目前境外窝点作案已超过六成。同时，受诸多客观因素所限，公安机关在境外通过警务合作或者司法协作等方式取证，执法难度极大。为此，在《意见一》规定认定电信网络诈骗犯罪实行数额标准和数量标准并行的基础上，针对跨境电信网络诈骗犯罪的新特点，《意见二》专门规定，在有证据证实行为人参加境外诈骗犯罪集团或犯罪团伙，在境外针对境内居民实施电信网络诈骗犯罪，诈骗数额虽难以查证，但一年内出境赴诈骗窝点累计时间三十日以上或多次出境赴诈骗窝点的，应当认定为刑法第二百六十六条规定的"其他严重情节"，以诈骗罪依法追究刑事责任。作此规定，符合《最高人民法院、最高人民检察院关于办理诈骗刑事案件具体应用法律若干问题的解释》的相关规定内容，体现了对跨境电信网络诈骗犯罪尤其要从严惩处的精神，也解决了办理此类案件遇到的突出法律难题。借此机会，也正告电信网络诈骗犯罪分子，不要错以为境外是法外之地、打击盲区，不要误以为境外作案就可以湮灭证据，能钻法律空子，这都纯属幻想。如果你们仍执迷不悟，心存侥幸，继续作恶，纵在天涯海角，也难逃法网，必遭严惩。

二是坚持区别对待，宽严相济，确保良好社会效果。电信网络诈骗犯罪，一般系集团犯罪或者团伙犯罪，具有组织严密，人数众多、层级分明等特征。对于此类犯罪依法从严惩处的原则是明确的、坚定的、不变的，但指的是总体从严，同时也要求宽以济严。对于诈骗集团的首要分子、主犯、累犯、惯犯，坚决从重处罚。但对于初犯、偶犯、未成年人、在校学生，应当综合考虑其地位作用、主观恶性、认罪态度、悔罪表现等，依法从宽处罚。特别是近年来发现有诈骗犯罪集团蛊惑、利诱在校大学生、刚毕业大学生参与实施诈骗，对于这类人员，只要其悬崖勒马，真诚悔罪，还是以教育、感化、挽救为主，依法从宽处罚。对于其中犯罪情节轻微、危害相对不大的，可以依法不起诉或免予刑事处罚。

（二）继续坚持全面惩处方针，突出打击“两卡”犯罪重点

一是对电信网络诈骗犯罪进行有效惩治，必须斩断其帮助链条，实行全方位、全链条、无死角打击，这是我们一贯坚持的原则。在《意见一》规定一些关联犯罪的基础上，《意见二》针对其他一些上下游关联犯罪如妨害信用卡管理罪、侵犯公民个人信息罪、伪造身份证件罪等，规定了处理原则。同时，为继续全面深入打击为电信网络诈骗犯罪转账、套现、取现的行为，《意见二》在《意见一》已规定涉及掩饰、隐瞒犯罪所得、犯罪所得收益罪 5 种常见行为方式的基础上，又增加规定了新出现的较为普遍的 3 种行为方式。法律依据进一步完善，法律标准更加全面。

二是明确了非法交易“两卡”犯罪行为适用帮助信息网络犯罪活动罪处理的具体法律标准。如前所述，社会上存在被大量非法交易的手机卡、信用卡，成为实施电信网络诈骗犯罪的必备工具，涉“两卡”黑灰产业为电信网络诈骗犯罪推波助澜，已然成为电信网络诈骗犯罪屡打不绝的“帮凶”，打击整治“两卡”违法犯罪乱象势在必行。2020 年 10 月份“断卡”行动开展以来，成效显著，在总结“断卡”行动经验的基础上，《意见二》规定，为他人利用信息网络实施犯罪而收购、出售、出租信用卡、银行账户、他人手机卡、流量卡等的，可认定为刑法第二百八十七条之二规定的“帮助”行为。《意见二》又规定，行为人明知他人利用信息网络实施犯罪，为其犯罪而收购、出售、出租信用卡、银行账户、非银行支付账户等支付结算帮助，数量达到 5 张（个）以上，或者收购、出售、出租他人手机卡、流量卡等通讯工具帮助，数量达到 20 张以上，以帮助信息网络犯罪活动罪追究刑事责任。这项规定解决了非法交易“两卡”行为构成帮助信息网络犯罪活动罪“情节严重”的认定问题。《意见二》还规定，实施诈骗的行为人尚未到案，可以依法先行追究已到案关联犯罪行为人的刑事责任，以提高办案效率，确保不轻纵犯罪。借

此机会，也要提醒广大群众，在面对不法分子提出收购手机卡、信用卡等的要求时，一定要保持清醒，明辨是非，不为所动，千万不要因贪图蝇头小利而以身试法，付出无可挽回的惨痛代价。

（三）继续坚持依法惩处方针，注重加强办案程序性保障

一是进一步完善对电信网络诈骗犯罪及其关联犯罪案件的管辖规定。《意见一》根据实际情况，对电信网络诈骗的“犯罪行为发生地”“犯罪结果发生地”作出较为全面的列举式的规定，方便了执法办案，初步解决了此类案件管辖难的问题。但电信网络诈骗犯罪持续呈现链条化、产业化趋势，大量的手机卡、信用卡成为犯罪工具，微信、抖音等新型社交软件以及“猫池”、GOIP 等硬件设备被用于犯罪活动，对我们提出了新的挑战。为适应新形势发展需要，《意见二》将用于电信网络诈骗犯罪的手机卡、信用卡的开立地、销售地、转移地、藏匿地等，微信、QQ 等即时通讯信息的发送地、到达地等，“猫池”等网络硬件设备的流转地等，均纳入管辖范围，继续坚持对电信网络诈骗犯罪及上下游关联犯罪实行“大管辖”原则，确保顺利推进案件办理和诉讼，更加精准、高效地打击此类犯罪。此外，为全面查清犯罪事实，方便诉讼活动，确保打击有力，《意见二》规定，为电信网络诈骗犯罪提供帮助的上游犯罪，以及掩饰、隐瞒犯罪所得的下游犯罪，由此形成多层级犯罪链条的；还有利用同一网站、通讯群组、资金账户、作案窝点实施的电信网络诈骗犯罪，应当认定犯罪存在关联，公检法机关可以并案处理。

二是进一步提高办案效率。针对电信网络诈骗犯罪跨地域性特征，为解决异地办案调取证据问题，充分发挥公安机关信息化平台作用，《意见二》规定，办案地公安机关可通过信息化系统调取异地公安机关依法制作的受案登记表、立案决定书、被害人陈述等相关证据材料，并对调取人员、调取形式、调取程序进行了相应的严格规范，确保证据的合法性和客观性，同时解决传统的异地调取证据材料耗时长、效率低的问题。

此外，在《意见一》规定加大对电信网络诈骗犯罪财产刑处罚力度的基础上，《意见二》规定，办理电信网络诈骗犯罪案件时，查扣在案的涉案账户内资金，应当优先返还被害人，如不足以全额返还的，应当按照比例返还。确保尽最大力量挽回被害群众的经济损失，切实维护人民群众合法权益。

有关《意见二》的背景和主要内容，我要向大家通报的情况就这些。谢谢大家。

未成年人检察工作白皮书（2020）

（2021 年 6 月 1 日）

目 录

前　言

2020年，是极不平凡的一年。以习近平同志为核心的党中央带领全国人民书写了众志成城的抗疫史诗，取得全面建成小康社会的历史性成就，夺取决战脱贫攻坚的决定性胜利，实现“十三五”圆满收官。2020年，也是未成年人保护发展史上浓墨重彩的一年，中国特色社会主义未成年人法治体系更加健全完善。新修订的未成年人保护法，确立了最有利于未成年人的原则，建立未成年人保护工作协调机制，构建“家庭、学校、社会、网络、政府、司法”六大保护体系，未成年人保护“小宪法”地位更加名副其实。新修订的预防未成年人犯罪法，进一步完善未成年人分级预防、教育矫治机制，更加有效预防未成年人违法犯罪。新颁布的民法典，既是一部涵盖社会生活方方面面的百科全书，也是一部明确未成年人权利义务的护身宝典，凝聚保护未成年人力量的共同约定。刑法修正案（十一）审议通过，更加突出“双向保护”。一方面，个别调整未成年人刑事责任年龄，让“熊孩子”懂得敬畏法律；另一方面，坚持零容忍态度，对性侵害未成年人犯罪一律从重从严惩处。生动鲜活的检察探索为完善未成年人法律制度提供了丰富的实践经验，新修订的未成年人保护法、预防未成年人犯罪法（以下简称“两法”）吸收了检察机关探索创新的侵害未成年人案件强制报告、未成年人保护公益诉讼等一系列制度机制，并确立了检察机关对涉及未成年人的诉讼活动、未成年人重新犯罪预防工作等开展法律监督的职责。

2020年，检察机关作为法律监督机关和在未成年人司法保护整个过程中负有重要职责的政法机关，深入学习贯彻习近平法治思想，积极履行未成年人司法保护的检察责任。最高人民检察院召开全国检察机关未成年人检察工作会议，出台《最高人民检察院关于加强新时代未成年人检察工作的意见》，下发《最高人民检察院关于加快推进未成年人检察业务统一集中办理工作的通知》，指明了新时代未成年人检察工作的基本思路、原则方向和目标任务，确立了“捕、诉、监、防、教”一体化工作模式，形成了涉未成年人刑事、民事、行政、公益诉讼“四大检察”工作格局，明确了坚持督导而不替代的职能定位，中国特色社会主义未成年人检察制度基本形成。全国检察机关在有关部门、社会各界大力支持下，齐心协力，开拓进取，未成年人检察工作在新的一年取得新的进展。

为进一步准确把握未成年人保护的新形势，深化对未成年人检察工作发展状况的认识，更加自觉承担未成年人保护的检察责任，主动接受社会监督，在总结去年经验的基础上，经梳理形成《未成年人检察工作白皮书（2020）》。白皮书对“十三五”时期特别是 2020 年涉未成年人刑事案件情况进行了分析，指出未成年人犯罪数量有所下降，涉嫌罪名相对集中，严重暴力犯罪、毒品犯罪、校园欺凌和暴力犯罪情况持续好转，少捕慎诉慎押政策进一步落实，未成年人司法保护实现创新发展。与此同时，未成年人保护形势不容乐观，涉及未成年人的性侵害案件多发高发，重大恶性案件时有发生，未成年人检察工作任重道远。白皮书还对检察机关参与“两法”修订工作，2020 年未成年人检察司法保护情况进行简要总结，梳理对未成年人检察及司法保护工作具有一定影响和意义的事件、典型做法、创新机制，以便社会公众更加全面、直观了解未成年人检察工作。

在“六一”国际儿童节来临和“两法”修订施行之际，现将白皮书予以发布，以期进一步准确把握未成年人保护和犯罪预防的新形势新要求，增强贯彻落实“两法”的责任感和主动性，凝聚未成年人保护合力，保护祖国的未来健康成长！

一、涉未成年人刑事案件情况分析

2020 年，全国检察机关共受理审查逮捕未成年犯罪嫌疑人 37681

人，受理审查起诉54954人，经审查，批准逮捕22902人，不批准逮捕14709人，提起公诉33219人（含附条件不起诉[①]考验期满后起诉人数），不起诉16062人（含附条件不起诉考验期满后不起诉人数），不捕率[②]、不诉率[③]分别为39.1%和32.59%。同时，共批准逮捕侵害未成年人犯罪38854人，提起公诉57295人。主要有以下特点：

（一）未成年人犯罪数量下降，同时呈现新的趋势和特点

1. 未成年人犯罪数量下降幅度较大，升降态势与疫情防控形势关联较大。继2019年受理审查逮捕、审查起诉未成年犯罪嫌疑人同比上升7.51%、5.12%之后，2020年同比分别下降21.95%、10.35%，为五年来最低（见图1）。从2020年各季度看，受理审查逮捕未成年犯罪嫌疑人数分别为5695人、7941人、12996人和11049人，前三季度同比分别下降42.09%、42.08%、7.16%，第四季度有所反弹，同比上升

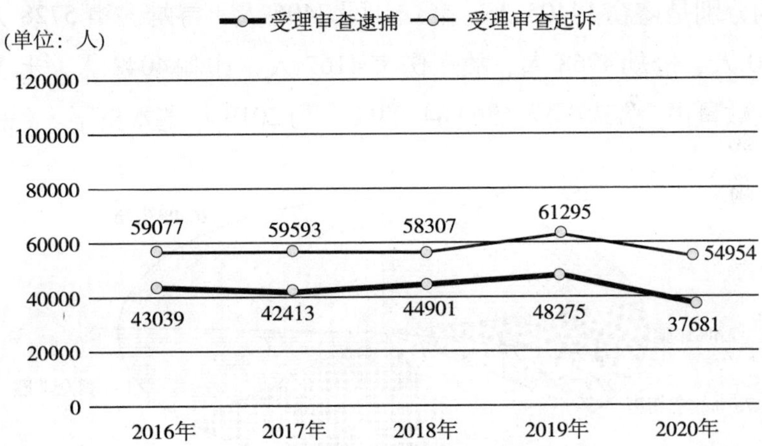

图1　2016至2020年未成年人犯罪情况

① 附条件不起诉，是指检察机关依法对应当负刑事责任的犯罪嫌疑人，认为可以不立即追究刑事责任时，给其设立一定考察期，如其在考察期内积极履行相关社会义务，并完成与被害人及检察机关约定的相关义务，足以证实其悔罪表现的，检察机关将依法作出不起诉决定。

② 不捕率＝不批准逮捕人数/（批准逮捕人数＋不批准逮捕人数）。

③ 不诉率＝不起诉人数/（提起公诉人数＋不起诉人数）。

2.95%，与疫情形势及防控要求紧密相关，即疫情防控严格，社会接触时间、空间缩小，犯罪活动相应受到限制（见图2）。

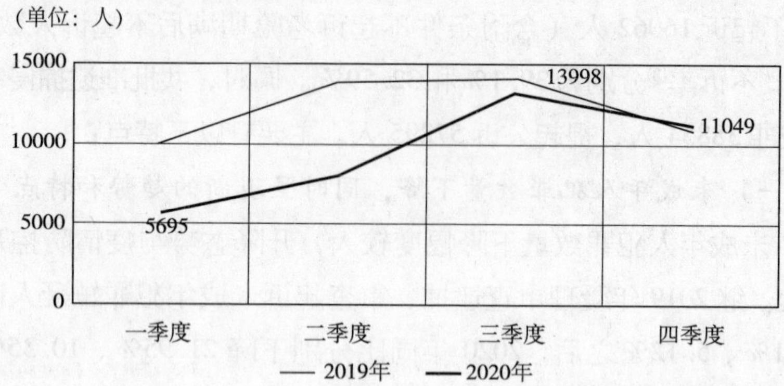

图2　2019年、2020年各季度受理审查逮捕未成年人犯罪情况

2. 七类犯罪占比超八成。2020年受理审查起诉未成年人犯罪居前七位的分别是盗窃14405人、聚众斗殴7406人、寻衅滋事5728人、强奸5160人、抢劫4968人、故意伤害4167人、诈骗4042人，七类犯罪嫌疑人数量占全部犯罪人数的84.03%，与2019年基本持平。（见图3）

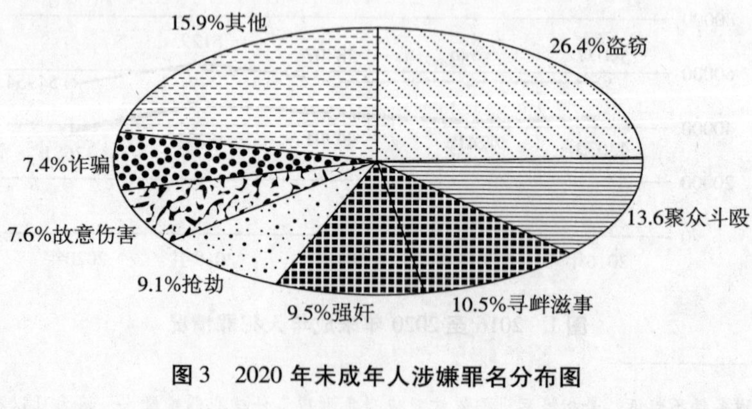

图3　2020年未成年人涉嫌罪名分布图

3. 未成年人涉嫌严重暴力犯罪占比继续下降。2016年至2020年，受理审查起诉未成年人涉嫌故意杀人、故意伤害致人重伤或死亡、强

奸、抢劫、贩卖毒品、放火、爆炸、投毒等八种严重暴力犯罪（因统计口径关系，将全部故意伤害、走私贩卖运输制造毒品犯罪均统计在内）分别为22028人、19954人、17936人、18172人、15736人，占全部犯罪人数的比例分别为37.29%、33.48%、30.76%、29.65%和28.63%，年均下降2.16%。（见图4）

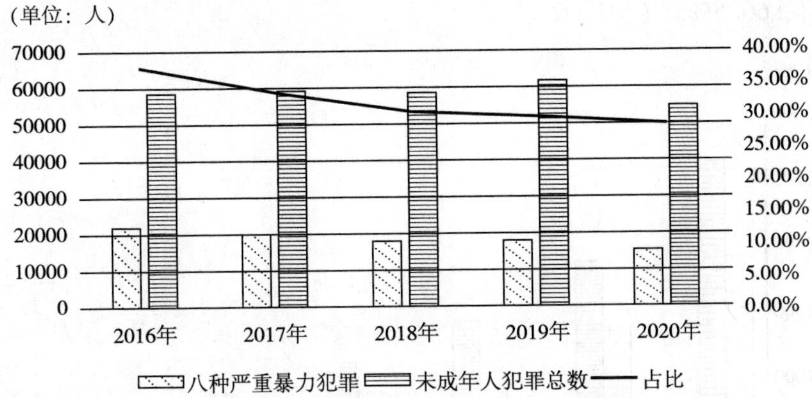

图4　2016年至2020年受理审查起诉未成年人涉嫌严重暴力犯罪态势及占比

4. 低龄未成年人犯罪占比有所回升。2016年至2020年受理审查起诉14至16周岁未成年人犯罪分别为5890人、5189人、4695人、5445人、5259人，占受理审查起诉全部未成年人的比例分别为9.97%、8.71%、8.05%、8.88%和9.57%，近两年呈上升态势。（见图5）

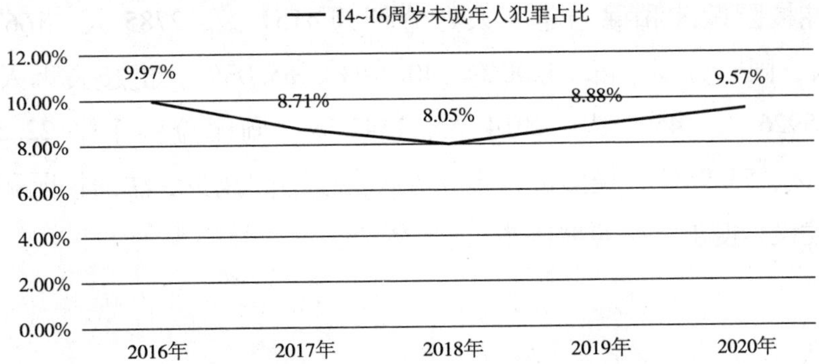

图5　14～16周岁未成年人犯罪占比

5. 未成年人毒品犯罪五连降。2016年至2020年，检察机关受理审查逮捕未成年人涉嫌走私、贩卖、运输、制造毒品犯罪人数分别为2047人、1476人、1108人、945人、686人，受理审查起诉分别为2810人、2003人、1504人、1201人、942人。自2016年首次下降后，呈连续下降趋势，2020年较2016年受理审查逮捕、受理审查起诉人数均下降66.5%。（见图6）

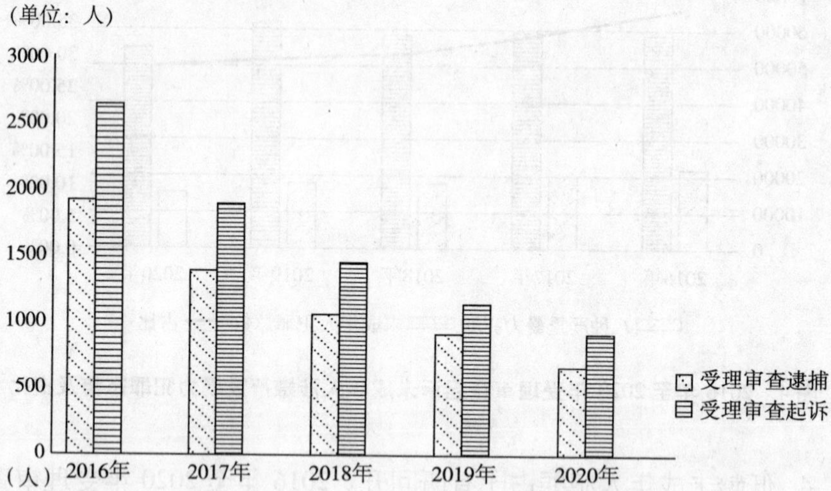

图6　2016年至2020年未成年人涉嫌毒品犯罪态势

6. 校园欺凌和暴力犯罪数量明显下降。2017年以来，检察机关批准逮捕校园欺凌和暴力犯罪人数分别为4157人、2785人、1667人、583人，同比分别下降33.00%、40.14%、65.03%，提起公诉人数分别为5926人、4590人、2914人、1341人，同比分别下降22.54%、36.51%、53.98%，经分析，未成年人在校时间减少、法治校园和安全校园建设力度加大是重要因素。（见图7）

图7　2017至2020年校园欺凌和暴力犯罪情况

7. 流动未成年人犯罪占比超一半。2020年，各地检察机关受理审查起诉未成年人犯罪案件中非本县13923人、非本市8729人、非本省5213人，占全部受理审查起诉人数的50.71%，反映出加强流动未成年人管理、教育工作非常重要和迫切。（见图8）

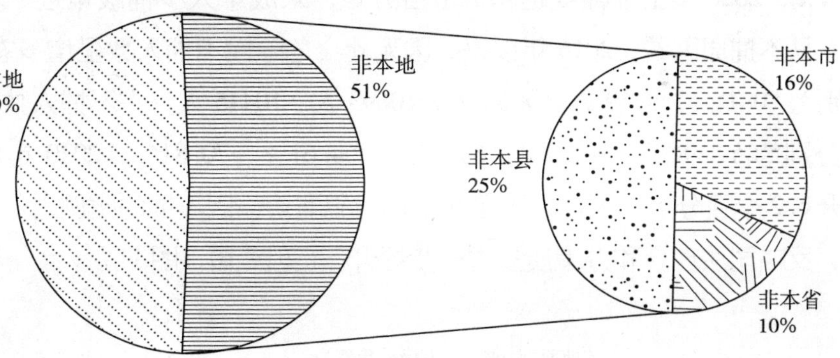

图8　2020年流动未成年人犯罪情况

8. 未成年人重新犯罪率整体平稳。2016年至2020年，检察机关受理审查起诉未成年人中曾受过刑事处罚的分别为2246人、1938人、2054人、2349人、2092人，分别占同期受理审查起诉未成年人总数的3.80%、3.25%、3.52%、3.83%、3.83%，保持在3%至4%之间，

平均重新犯罪率为 3. 65% 左右。（见图 9）

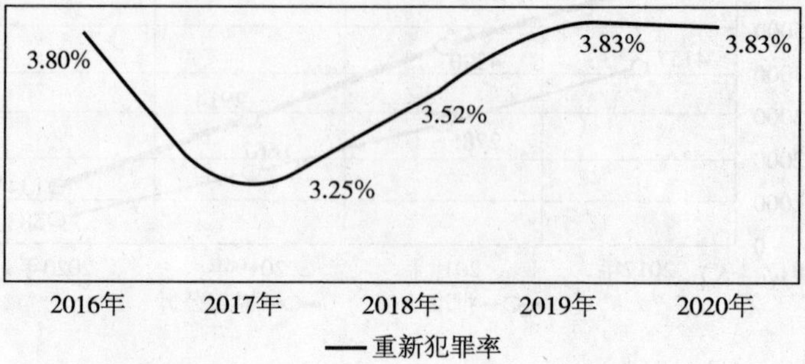

图 9　2016 年至 2020 年未成年人重新犯罪率

（二）未成年人特殊保护和司法政策落实较好

1. 未成年人犯罪不捕率明显上升。2016 年至 2020 年，未成年人犯罪不捕率逐年上升，分别为 31. 66%、33. 59%、34. 13%、34. 43%、39. 1%，2020 年上升幅度达 4. 7 个百分点，未成年人少捕政策进一步落实。从不捕原因看，2016 年以来，因无社会危险性不捕人数呈增多态势，分别为 8081 人，8769 人、9666 人、10693 人、10415 人，占不捕人数的比例分别为 59. 48%、61. 65%、63. 57%、64. 61%、70. 81%，2020 年同比上升 6. 2 个百分点；因证据不足和不构成犯罪等原因不捕的比例进一步降低，反映司法理念和办案质量进一步提升。（见图 10、图 11）

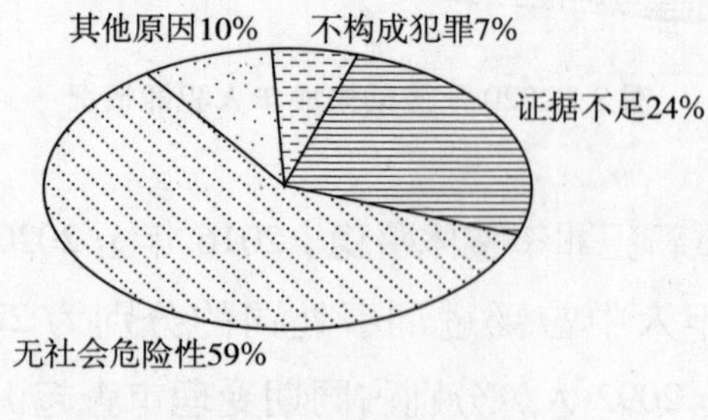

图 10　2016 年涉罪未成年人不捕原因

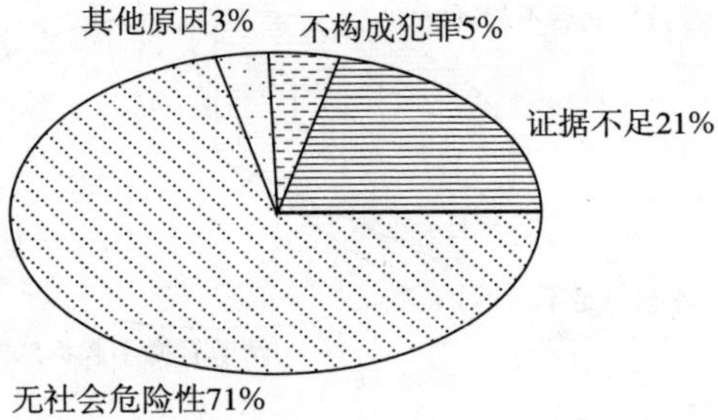

图 11　2020 年涉罪未成年人不捕原因

2. 未成年人犯罪不诉率大幅上升。2016 年至 2020 年，检察机关分别对未成年犯罪嫌疑人不起诉 8106 人、10114 人、11865 人、13752 人、16062 人，不起诉率分别是 15.01%、18.84%、22.99%、24.13%、32.59%，2020 年同比上升 8.46 个百分点。从不起诉原因看，2020 年法定不起诉 292 人，情节轻微不起诉 9410 人，证据不足不起诉 507 人，附条件不起诉考验期满后不起诉 5853 人，与 2016 年相比，法定不起诉和因证据不足不起诉占比均有所降低，司法理念进一步更新。（见图 12、图 13）

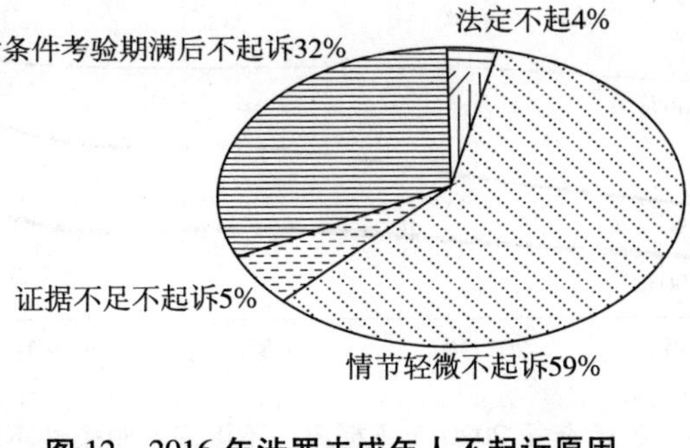

图 12　2016 年涉罪未成年人不起诉原因

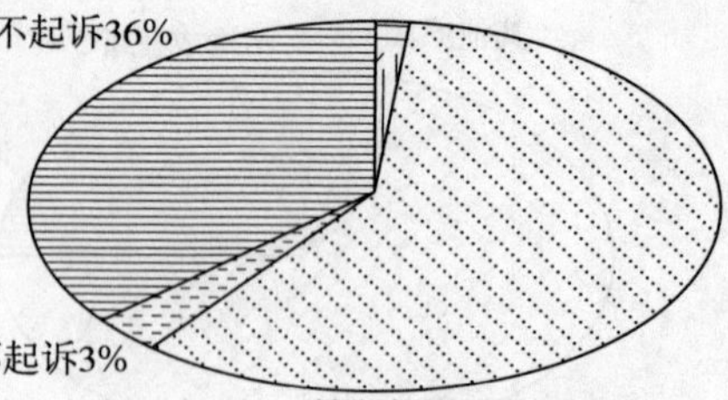

图 13　2020 年涉罪未成年人不起诉原因

3. 未成年人犯罪附条件不起诉率[①]逐年上升。2016 年至 2020 年，检察机关对未成年犯罪嫌疑人附条件不起诉依次为 4455 人、5681 人、6624 人、7463 人、11376 人，同期附条件不起诉率分别为 8%、10.06%、12.15%、12.51%、20.87%。同时，附条件不起诉考验期间因违反相关规定或者重新犯罪被提起公诉人数维持在较低水平，分别为 141 人、134 人、183 人、233 人、286 人，2020 年被撤销附条件不起诉提起公诉人数占附条件不起诉总数的 2.51%，同比下降 1.32 个百分点，反映附条件不起诉制度适用人数逐步扩大，运行情况良好。（见图 14）

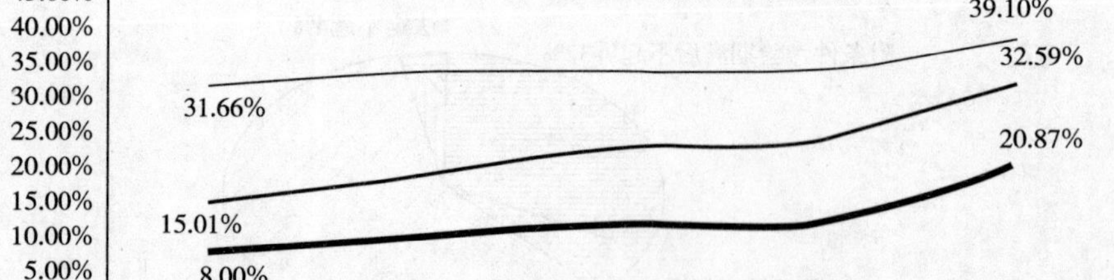

图 14　2016 年至 2020 年不捕率、不诉率、附条件不起诉率

① 附条件不起诉率 = 附条件不起诉人数/（起诉人数 + 不起诉人数 + 附条件不起诉人数）。

4. 各地落实“少捕慎诉”政策有不同程度提升。2020 年不捕率较高的分别是浙江省 60%、天津市 58.1%、江苏省 57%、贵州省 55.4%、宁夏回族自治区 55%、甘肃省 54.7%；不诉率较高的分别是浙江省 63.8%、上海市 56.6%、天津市 54%、山东省 52.4%、江苏省 50.7%、贵州省 49.9%；附条件不起诉率较高的是江苏省 36.68%、山东省 36.48%、甘肃省 33.91%、上海市 32.83%、湖北省 29.96%、山西省 29.91%。同时，从整体上看，地区之间差异仍然较大。

5. 被判处一年有期徒刑以下刑罚占比较高。2020 年，检察机关提起公诉后，法院对未成年被告人作出生效判决 31743 人，其中无期徒刑 50 人，十年以上有期徒刑 416 人，三年以上十年（含十年）以下有期徒刑 3949 人，三年有期徒刑 1420 人，二年至不满三年有期徒刑 4161 人，一年至不满二年有期徒刑 9690 人，不满一年有期徒刑 8688 人，拘役 2860 人，管制 79 人，单处罚金 227 人，其他 203 人，判处不满一年有期徒刑、拘役人数占 36.38%。（见图 15）

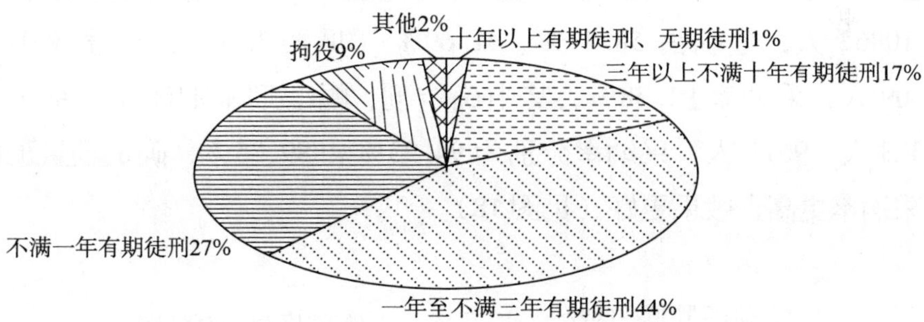

图 15　2020 年未成年人犯罪判处刑罚情况

6. 未成年人犯罪案件适用认罪认罚从宽制度比例高。2020 年未成年人犯罪案件适用认罪认罚从宽制度为 50062 人，适用率 92.63%。同期未成年人检察案件（包括侵害未成年人犯罪案件）适用认罪认罚从宽制度 80437 人，适用率 82. 7%，反映出认罪认罚从宽制度与未成年人司法理念高度契合，在未成年人犯罪案件中适用情况更好，更有利于教育挽救涉罪未成年人。（见图 16）

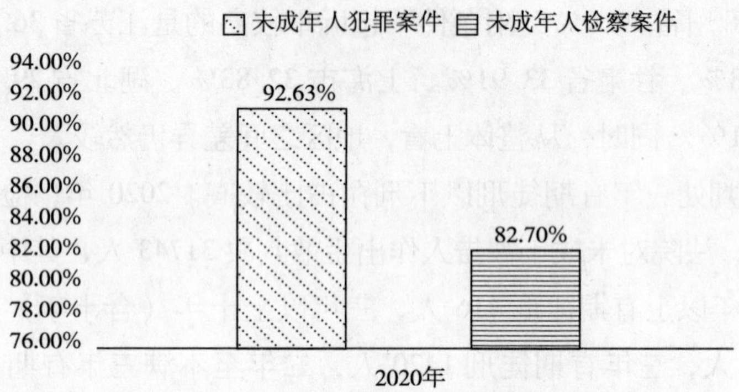

图 16　2020 年认罪认罚从宽制度适用情况

7. 确定刑量刑建议采纳率高。2020 年检察机关针对未成年人犯罪提出量刑建议 26056 人，其中确定刑量刑建议 15194 人，幅度刑量刑建议 10862 人，分别占 58. 31%、41. 69%（见图 17）。量刑建议采纳 23809 人，采纳率 91. 38%，其中确定刑、幅度刑量刑建议分别采纳 14318 人、9671 人，采纳率分别为 94. 23% 和 89. 35%，确定刑量刑建议采纳率更高，效果更好（见图 18）。

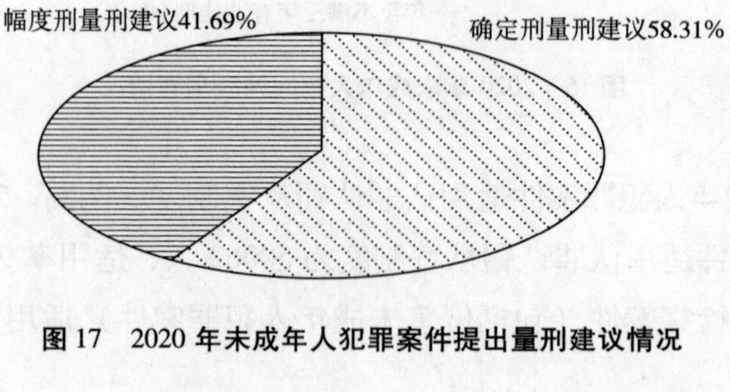

图 17　2020 年未成年人犯罪案件提出量刑建议情况

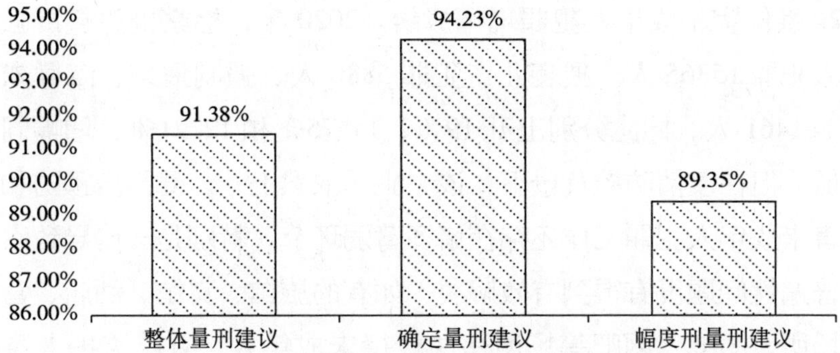

图 18　2020 年未成年人犯罪案件量刑建议采纳率

（三）侵害未成年人犯罪数量下降，性侵害等问题突出

1. 侵害未成年人犯罪数占未成年人检察案件总数比例过半①。2020 年检察机关批准逮捕侵害未成年人犯罪 38854 人，提起公诉 57295 人，与 2019 年相比，分别下降 18.31%、8.98%。2017 年至 2020 年，检察机关起诉侵害未成年人犯罪分别为 47466 人、50705 人、62948 人、57295 人，在未成年人检察案件中所占比例分别为 44.34%、46.51%、50.67%、51.04%，2019 年以来已超过受理审查起诉未成年人犯罪数量。（见图 19）

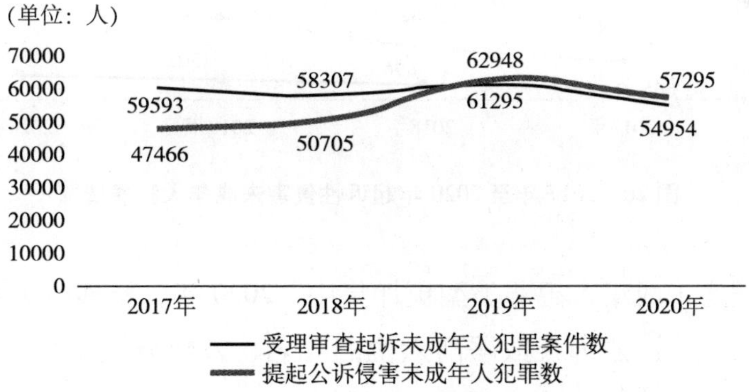

图 19　2017 至 2020 年涉未成年人案件情况

① 因统计口径关系，在此使用起诉侵害未成年人犯罪与未成年人检察案件相比，实际受理审查起诉侵害未成年人犯罪数高于起诉数，因此实际比率高于此数。

2. 性侵害未成年人犯罪增幅放缓。2020 年，检察机关起诉强奸未成年人犯罪 15365 人、猥亵儿童犯罪 5880 人、强制猥亵、侮辱未成年人犯罪 1461 人，同比分别上升 19%、14.75%和 12.21%，增幅同比明显降低。但在疫情防控背景下，该类犯罪依然上升，暴露出预防和惩治性侵害未成年人犯罪工作还存在诸多薄弱环节，特别是一些导致案件发生的普遍性问题没有得到有效解决，如有的旅馆、宾馆、酒店、营业性娱乐场所、酒吧、网吧等场所违法接待未成年人，有的监护人监护不力、网络产品和服务提供者落实网络安全责任义务不到位等。同时，需进一步加强对未成年人及家长的防护教育，强化强制报告和入职查询制度落实，没完没了抓好“一号检察建议”监督落实等，有效促进未成年人保护社会治理工作深入开展。（见图 20）

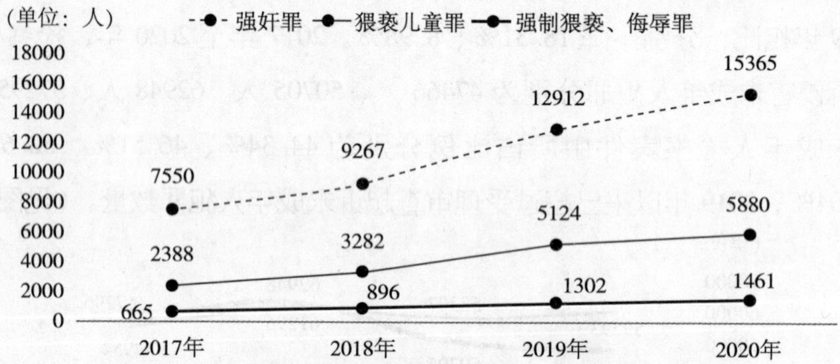

图 20　2017 年至 2020 年起诉性侵害未成年人犯罪情况

3. 侵害未成年人犯罪类型更加集中。2020 年，检察机关对侵害未成年人犯罪提起公诉人数居前六位的罪名、人数分别是强奸罪 15365 人、猥亵儿童罪 5880 人、寻衅滋事罪 5098 人、抢劫罪 3474 人、盗窃罪 3033 人、交通肇事罪 2920 人，其他 21525 人。前六类犯罪占提起公诉总人数的 62.43%，与 2019 年基本持平。值得注意的是，与 2019 年

相比，交通肇事取代故意伤害犯罪居第6位，反映未成年人出行安全问题需引起高度重视。（见图21、图22）

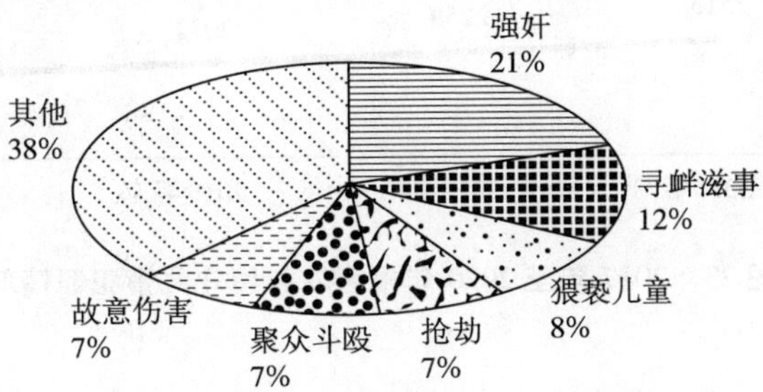

图21　2019年侵害未成年人犯罪主要罪名

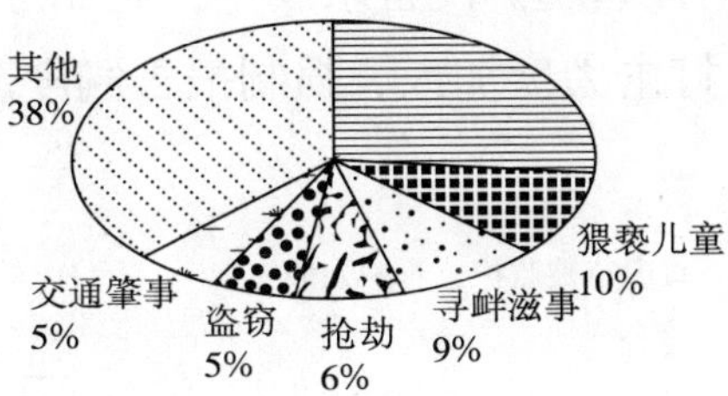

图22　2020年侵害未成年人犯罪主要罪名

4. 侵害农村留守儿童犯罪数量持续下降。2017年至2020年，检察机关批准逮捕侵害农村留守儿童犯罪分别为2513人、2259人、2072人、1845人，同比下降10.11%、8.28%、10.96%，起诉侵害农村留守儿童犯罪分别为3325人、2808人、2591、2521人，同比下降15.55%、7.73%、2.7%，反映农村留守儿童保护工作成效进一步提升。（见图23）

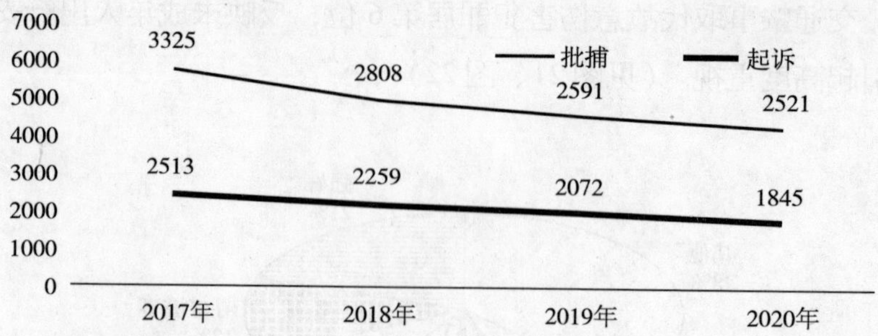

图 23　2017 年至 2020 年侵害农村留守儿童犯罪情况

5. 监护侵害中虐待犯罪问题不容忽视。2017 年至 2020 年，检察机关以虐待罪起诉侵害未成年人犯罪分别为 16 人、38 人、40 人、57 人，以虐待被监护、看护人罪起诉侵害未成年人犯罪分别为 10 人、57 人、60 人、62 人，反映打击力度加大、强制报告制度落实取得初步成效。（见图 24）

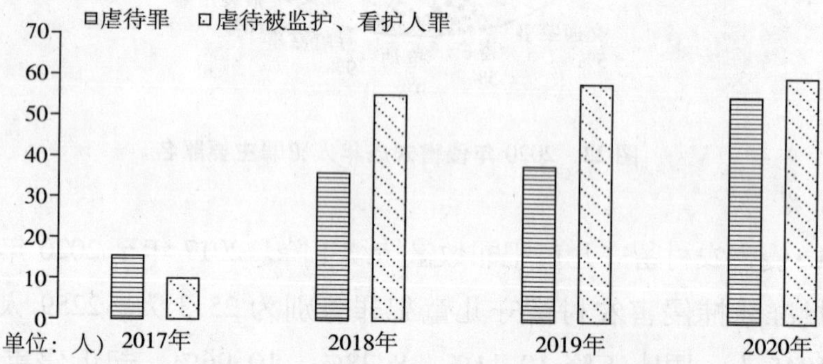

图 24　2017 至 2020 年起诉虐待未成年人犯罪情况

6. 组织未成年人进行违反治安管理活动犯罪问题较为突出。2017 至 2020 年，检察机关对组织未成年人进行违反治安管理活动犯罪提起公诉分别为 4 人、37 人、98 人、170 人，增长较快，反映组织、拉拢未成年人进行违法犯罪问题越来越突出，亟需引起高度重视。（见图 25）

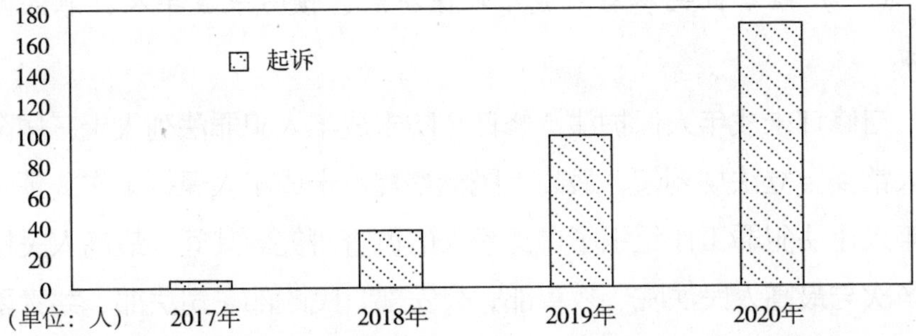

图 25　2017 年至 2020 年组织未成年人进行违反治安管理活动犯罪情况

二、积极参与未成年人保护法、预防未成年人犯罪法修订

2020 年 10 月 17 日，第十三届全国人民代表大会常务委员会第二十二次会议通过了新修订的未成年人保护法。2020 年 12 月 26 日，第十三届全国人民代表大会常务委员会第二十四次会议通过了新修订的预防未成年人犯罪法。新修订的未成年人保护法、预防未成年人犯罪法，以习近平新时代中国特色社会主义思想为指导，全面贯彻党中央关于加强未成年人保护、预防未成年人违法犯罪工作的精神和要求，以宪法为根据，坚持从国情实际出发，强化问题导向，着力完善相关制度和工作机制，为更好保护未成年人健康成长提供了坚强的法治保障。

检察机关作为国家法律监督机关和在未成年人司法保护整个过程中负有重要职责的政法机关，充分履行未成年人保护法律监督职责，扎实推进未成年人全面综合司法保护，未成年人检察成为展示中国特色社会主义未成年人司法制度优越性和显著成效的重要方面。最高人民检察院作为未成年人保护法修改工作领导小组成员单位，在参与法律修订过程中，运用检察机关的政治智慧、法治智慧和检察智慧，贡献了应有的检察方案。

（一）检察机关参与未成年人保护法、预防未成年人犯罪法修订情况

自修订未成年人保护法、修订预防未成年人犯罪法列入十三届全国人大常委会立法规划起，最高人民检察院对未成年人保护工作、预防未成年人违法犯罪工作组织了广泛深入的调查研究。其间，最高人民检察院多次与最高人民法院、教育部、公安部、民政部、司法部、共青团中央、全国妇联、关工委等有关部门沟通协商、交换意见，广泛征求全国人大代表和政协委员、部分专家学者、律师、基层检察人员等的意见和建议。向全国人大社会建设委员会、全国人大常委会法制工作委员会（以下简称全国人大常委会法工委）提出修改法律的意见建议，参加全国人大宪法和法律委员会、全国人大常委会法工委有关修改、审议法律具体条款的会议，列席、旁听全国人大常委会第二十次、第二十一次、第二十二次、第二十四次审议法律草案的会议。重庆、云南等地检察机关还作为司法机关的代表，参加全国人大常委会法工委的立法评估会议，结合未成年人检察工作实践，对修订草案中主要制度规范的可行性、出台时机、实施的社会效果和可能出现的问题等进行评估，提出意见建议。

（二）检察机关探索创新的未成年人保护制度机制上升为法律规定

近年来，未成年人检察专门机构建设稳步推进，各地在加强未成年人保护、预防未成年人违法犯罪工作中进行了积极探索。最高人民检察院针对未成年人保护工作中存在的突出问题陆续出台一系列司法解释或者规范性文件，各地也形成很多可复制的经验、模式。修订后的未成年人保护法、预防未成年人犯罪法，将未成年人检察工作中被实践证明符合我国国情且行之有效的探索创新，如侵害未成年人案件强制报告、密切接触未成年人行业人员入职查询、未成年被害人“一站式”询问救

助、家庭教育指导、督促和支持起诉、未成年人保护公益诉讼等机制制度写入法律，体现了国家立法机关对新时代未成年人检察工作的高度重视和充分肯定。

（三）检察机关未成年人保护法律监督职责在法律中得以明确和固定

当前，国家关于未成年人保护的法律体系日益健全，但也存在大量有法不依、执法不严的问题，完善法律监督规定成当务之急。在修订未成年人保护法、预防未成年人犯罪法过程中，不少代表委员、相关部门和地方建议，在法律中增加司法机关保护未成年人职责的规定，明确人民检察院的法律监督职责。修订后的未成年人保护法第一百零五条规定，人民检察院通过行使检察权，对涉及未成年人的诉讼活动等依法进行监督。修订后的预防未成年人犯罪法第六十条规定，人民检察院通过依法行使检察权，对未成年人重新犯罪预防工作等进行监督。除此之外，修订后的未成年人保护法第一百零六条对检察机关督促、支持起诉及未成年人保护公益诉讼工作，第一百一十四条对监督有关单位履行未成年人教育、管理、救助、看护等保护职责作出规定。据此，人民检察院进行法律监督的内容并不限于诉讼活动和重新犯罪预防工作，对此之外涉及未成年人权益的，人民检察院可以通过提出公益诉讼、检察建议等方式行使检察监督权。与通常诉讼活动监督的事后性不同，检察机关对未成年人保护和预防犯罪监督工作的重点是促进各有关主体依法履职，并不以实际发生危害后果为必要条件，具有典型的预防性特征。“两法”确定的未成年人检察保护监督职责，是对检察机关履职范围和方式的不断拓展，是对检察机关法律监督体系的不断完善，赋予了未成年人检察在未成年人国家保护大格局中的特殊职责和更重任务。

三、依法惩戒和精准帮教涉罪未成年人

检察机关严格贯彻“教育、感化、挽救”方针和“教育为主、惩

罚为辅”原则，坚持依法惩戒和精准帮教相结合，最大限度教育挽救涉罪未成年人。

（一）宽容不纵容，厚爱又严管

一是对主观恶性不大、犯罪情节较轻，初犯、偶犯未成年人，坚持少捕慎诉少监禁，为其回归社会预留通道。2020 年，全国检察机关共不批准逮捕未成年犯罪嫌疑人 14709 人，不起诉 16062 人，不捕、不诉率分别为 39.1% 和 32.59%。同时，检察机关积极履行主导责任，对未成年犯罪嫌疑人应用尽用、规范适用认罪认罚从宽制度，进一步提升教育挽救效果。

二是对涉嫌严重犯罪、社会危害性大的未成年犯罪嫌疑人依法惩治，发挥警示教育作用。2020 年，共批准逮捕未成年犯罪嫌疑人 22902 人，提起公诉 33219 人。上海市某区人民检察院办理的张某某等 8 人敲诈勒索案，该团伙有针对性地购买部分职业男性的个人信息，添加好友聊天引诱，后以裸聊拍摄的不雅视频为要挟勒索钱财，涉案金额特别巨大。虽然该团伙中的张某某、陈某某、杨某某 3 人为未成年人，但积极参与犯罪，违法所得巨大，检察机关依法对三人提起公诉。

（二）认真落实未成年人刑事案件特别程序

一是稳步提升社会调查质效。加强与公安机关沟通配合，推动公安机关在侦查环节开展社会调查并随卷移送社会调查报告，对没有开展社会调查或者报告内容不完整、不全面的，督促公安机关补充开展社会调查，或者及时委托、自行开展补充社会调查。2020 年全国检察机关针对未成年犯罪嫌疑人在审查逮捕阶段、审查起诉阶段共开展社会调查 72874 次，其中，审查逮捕阶段、审查起诉阶段自行补充调查和委托调查分别占总调查数的 50.04% 和 55.16%。

二是提升法律援助覆盖面和专业化水平。各地检察机关与司法行政机关共同建立健全工作机制，畅通法律援助渠道，积极推动建立未成年人刑事案件专业法律援助律师队伍，及时为没有委托辩护人的未成年犯罪嫌疑人提供法律援助。同时，加强与辩护人的沟通，认真听取辩护人的意见，共同做好涉罪未成年人的教育、感化、挽救工作。2020 年，全国检察机关审查起诉阶段为未成年犯罪嫌疑人落实法律援助 35734 人，同比上升 31.6 个百分点。

三是严格限制适用逮捕强制措施。结合未成年人涉嫌犯罪的事实、主观恶性、认罪认罚等情况综合评估社会危险性、犯罪危害性，坚持可捕可不捕的一律不捕。对于依法批准逮捕的未成年人，认真做好跟踪帮教考察工作，进行羁押必要性审查，一旦发现不需要继续羁押的，及时建议公安机关释放或者变更强制措施。此外，对于在押的未成年犯罪嫌疑人是否应当逮捕存在较大争议的，举行不公开听证，全面听取各方意见。

四是进一步提高法定代理人、合适成年人到场覆盖率。严格落实讯问未成年犯罪嫌疑人时法定代理人到场制度，不能到场的及时通知合适成年人到场，并联合相关部门积极组建合适成年人队伍，健全运行管理机制，开展相关培训，充分发挥合适成年人在司法程序中沟通、抚慰、教育、见证、监督等方面的重要作用。2020 年，全国检察机关在审查逮捕阶段、审查起诉阶段讯问未成年犯罪嫌疑人时法定代理人、合适成年人到场 20694 次、40973 次，分别比 2019 年提高 12.46 和 54.36 个百分点。

五是合理提升附条件不起诉适用率。准确把握附条件不起诉的意义和价值，对符合条件的未成年犯罪嫌疑人依法积极适用附条件不起诉。特别是 2020 年以来，最高人民检察院要求对附条件不起诉坚持依法应用尽用原则，各地积极适用，全年对未成年犯罪嫌疑人决定附条件不起诉 11376 人，附条件不起诉适用率达 20.87%。同时，各地检察机关坚持对被附条件不起诉的未成年人制定个性化、针对性强的监督考察方案，依靠社会力量严格监督落实，确保监督考察实效。河南某地人民检察院办理的李某诈骗、传授犯罪方法，牛某等人诈骗案，针对5人均系高中三年级学生的情况，检察机关在作出附条件不起诉决定后，依托帮教平台开展6个月的帮教考察并最终作出不起诉决定，5人全部考上大学，其中3人被一本专业录取。对于被附条件不起诉人在考验期内多次违反监督管理规定，或者实施新罪、发现漏罪的，依法撤销附条件不起诉决定并提起公诉286人，占附条件不起诉人数的2.51%，整体教育挽救和监督考察效果良好。

六是切实提高未成年人犯罪记录封存效果。2020年，全国检察机关共落实犯罪记录封存28163人，比2019年上升35.75个百分点。为解决刑事诉讼法“特别程序”对“犯罪记录封存”规定较为原则的问题，在各地实践的基础上，最高人民检察院在《人民检察院刑事诉讼规则》第四百八十二条至第四百八十七条予以具体细化规范，进一步强化制度的可操作性。同时，各地检察机关与公安、法院等相关单位建立配合衔接机制，有效解决各环节衔接不畅等问题。云南省昆明市人民检察院联合相关部门在《昆明市未成年人犯罪记录封存实施办法》中统一封存范围（包括电子档案）、“有关单位根据国家规定进行查询的”范畴、检察机关的监督权、违反封存规定应当承担的责任等，并通过增设“获取证实年龄的关键证据后及时开展预登记”、对接检法确认封存节点，进一步推动解决犯罪记录封存工作中存在的隐患和问题。

（三）着力提升帮教效果

一是持续推动帮教制度顶层设计。针对社会力量参与涉罪未成年人帮教缺少上位法支撑的问题，《人民检察院刑事诉讼规则》增设可以借助社会力量开展帮教未成年犯罪嫌疑人工作的规定，为未成年人检察工作进一步凝聚社会力量提供了法律依据。新修订的未成年人保护法第一百一十六条明确规定“国家鼓励和支持社会组织、社会工作者参与涉及未成年人案件中未成年人的心理干预、法律援助、社会调查、社会观护、教育矫治、社区矫正等工作”；新修订的预防未成年人犯罪法在总则中明确规定“国家鼓励、支持和指导社会工作服务机构等社会组织参与预防未成年人犯罪相关工作，并加强监督”，明确了各级人民政府、相关部门、团体、学校、家庭的责任，为帮教制度提供立法支撑。

二是实施精准动态帮教矫治。检察机关根据未成年人罪错行为特点和教育矫治规律，结合涉案未成年人具体情况，制定个性化帮教方案，实施有针对性的帮教工作。广东深圳等地检察机关积极探索推进精准帮教实践，效果明显。同时，对干预矫治的情形和再犯风险进行动态评估，必要时及时调整措施，通过缩短或延长帮教期限、心理疏导、司法训诫、家庭教育指导等多种措施加大帮教力度，及时矫正涉案未成年人的行为认知偏差。浙江某市人民检察院办理的庄某等人敲诈勒索案，检察机关不但根据每名未成年人的社会调查情况合理设置个性化帮教计划，做到“对症下药”，同时，分阶段评估帮教效果，发现问题及时调整帮教方式和措施，更换帮教人员，努力提升精准帮教实效。该省办理的吴某某抢劫案，检察机关根据涉罪学生后期升学就业等角色转变和个性需求动态调整考验期限和帮教内容，减少刑事诉讼对其学习、生活的影响，取得良好的法律效果。

三是积极拓展帮教功能。在社会各界的支持下，检察机关下大力气拓展帮教功能，目前大部分省份可以为无法提供保证人且不能交纳保证金的涉罪未成年人提供合适保证人、保证金，并提供人格甄别、心理疏导、法治教育、技能培训、家庭教育指导、落实就学就业安置等支持；协助对不批准逮捕、附条件不起诉、不起诉的未成年人进行观护帮教；协助社区矫正机构对判处非监禁刑的涉罪未成年人进行社区矫正等。

四、打击侵害未成年人犯罪和保护救助未成年被害人

检察机关坚决依法惩治侵害未成年人犯罪，2020 年共批准逮捕侵害未成年人犯罪 38854 人，起诉 57295 人，较 2019 年分别下降

18. 31%、8. 98%。同时，不断加强和完善未成年被害人保护救助工作，努力抚平未成年被害人身心创伤。

（一）依法惩治各类侵害未成年人犯罪

一是严厉惩治性侵害、暴力伤害未成年人等犯罪。最高人民检察院联合公安部派出督导组指导办理鲍某某涉嫌性侵养女案，全面查清案件事实，依法审慎处理，并及时向社会公布调查结果。完善重大敏感案件快速反应机制，对社会广泛关注的广西苍梧县某小学保安砍伤 39 名小学生案、黑龙江建三江虐童案等 90 余起重点案件跟踪指导督办。强化诉讼监督，对性侵害未成年人案件有案不立、重罪轻判等问题及时监督纠正。各地检察机关采取多种措施，大力惩治性侵害未成年人犯罪。四川省人民检察院开展打击侵害未成年人犯罪专项行动，挂牌督办重点案件 10 余件；江西省人民检察院对省内 15 起重大疑难性侵未成年人案件挂牌督办。

二是依法惩处危害校园安全、监护侵害等犯罪。对广州某小学教师体罚学生案、网红教师亲吻男童视频事件、江苏某小学生跳楼事件等进行全面审查，依法妥善处理。对山西怀仁虐童案、辽宁抚顺虐童案等家庭成员故意伤害、虐待未成年人犯罪，引导侦查机关及时补证固证，正确评判伤害后果，依法及时提起公诉，有力打击犯罪。

三是从严从快办理利用疫情侵害未成年人犯罪案件。对于以疫情检查为由性侵未成年人、利用“线上教学”漏洞实施网络诈骗、借防疫物资短缺之机制售劣质儿童口罩等疫情期间多发的侵害未成年人犯罪案件，检察机关从严从快批捕起诉，并深入剖析犯罪特点，加强类案指导，明确重点打击方向，切实防止疫情期间出现办案“盲点”。黄某某以防控新冠疫情测量体温为由对 8 岁幼童马某某进行猥亵，案发后宁波市北仑区人民检察院第一时间介入该案，迅速梳理固定案件证据，及时进行心理疏导，克服疫情带来的各种不利因素，依法从快对该案提起公诉，黄某某最终被判处有期徒刑四年六个月。

四是坚决打击黑恶势力侵害未成年人、拉拢诱迫未成年人参与黑恶组织等犯罪活动。推动最高人民法院、最高人民检察院、公安部、司法部共同出台《关于依法严惩利用未成年人实施黑恶势力犯罪的意见》，发布检察机关依法严惩利用未成年人实施黑恶势力犯罪典型案例。对利用未成年人尤其是未达刑事责任年龄未成年人实施黑恶势力犯罪的，坚决依法严惩。检察机关在办理黎某等6人恶势力集团犯罪中，针对黎某指使未成年人录假口供、作伪证的行为，准确认定犯罪事实，精准指控妨害作证罪，依法严惩其利用未成年人实施犯罪的行为，黎某最终被法院以犯寻衅滋事罪、妨害作证罪等判处有期徒刑六年六个月。

五是积极应对处理新型侵害未成年人犯罪。针对成瘾品和精神类药品向青少年群体蔓延的新情况，检察机关主动加大对教唆、引诱、欺骗或指使未成年人实施制售毒品、违禁药品犯罪的惩处力度，从源头上减少未成年人吸食成瘾品的发生。同时加强与教育、公安、团委等相关部门的衔接配合，建立学生预测预控动态管理制度，推动形成未成年人保护联动协作机制。上海市长宁区人民检察院针对办案中发现的非法贩卖“笑气”（一氧化二氮）问题，联合相关部门对辖区娱乐场所容留未成年人、向未成年人出售烟酒甚至违禁品开展“双随机、一公开”专项检查，有效净化未成年人成长环境。

（二）积极开展从业禁止和家庭教育指导工作

一是推动适用从业禁止制度。对利用职业便利实施侵害未成年人犯罪的，根据犯罪情节和预防再犯需要，依法提出从业禁止的量刑建议。山东日照市某小学班主任王某某采用搂抱、抚摸、掐捏胸部等方式当众对多名学生进行猥亵，法院采纳检察机关量刑建议，依法判处其有期徒刑十一年，同时禁止其自刑罚执行完毕五年之内从事教育教学相关职业。江西浮梁县人民检察院办理的林某某猥亵学生案，一审法院未适用从业禁止规定，检察机关提出抗诉后二审法院采纳抗诉意见，增加判处林某某自刑罚执行完毕之日起五年内禁止从事与未成年人教育、培训相关职业。为进一步严格从业禁止制度，推动落实教师法关于“已经取得教师资格但受到剥夺政治权利或者故意犯罪受到有期徒刑以上刑罚的，丧失教师资格”的规定。2020年9月，最高人民检察院向有关部门发出情况通报，建议对涉罪教职人员依法从严适用从业禁止，并针对司法实践中从业禁止适用率低、法律衔接适用不畅、制度落实不及时不到位等问题，建议通过刑法与教师法衔接适用，将相关人员刑事判决书送达教育行政部门等途径，保证从业禁止制度落实。

二是探索开展家庭教育指导。对于遭受侵害和涉嫌犯罪的未成年人，检察机关通过开展家庭教育指导督促父母依法履行监护职责，为未成年人创造良好、和睦的家庭环境。江苏省人民检察院联合省妇联出台《关于联合开展亲职教育工作的实施意见》，对家庭教育指导的适用条件、工作程序、教育内容、教育方式等进行详细规定。四川、广州等地检察机关在办理未成年人案件时，家庭教育指导覆盖率接近100%。

（三）积极完善未成年被害人保护救助体系

一是大力推进“一站式”询问、救助机制。为有效解决未成年被害人因多次询问、反复询问遭受“二次伤害”问题，下发《关于全国检察机关未成年被害人“一站式”办案场所建设情况的通报》，督促各地加快推进“一站式”办案场所建设。截至2020年底，全国共建成未成年被害人“一站式”询问、救助办案区1029个。重庆、云南、江苏、上海、浙江等地均形成较为成熟的“一站式”办案机制和工作模式。

二是探索多元化司法救助举措。对未成年被害人开展多元综合救助，全年共开展司法救助4354件，发放救助金1.07亿元，提供心理疏导与测评1970人次，帮助复学转学1778人次。上海、江苏、浙江、安徽四省（市）检察机关建立未成年被害人保护协作机制，明确侵害未成年人案件办案地检察机关可请求区域内的未成年被害人户籍地或实际居住、就学、就业地同级检察机关协助开展法律援助、心理疏导、医疗和经济救助、临时监护等综合保护工作。山东省胶州市人民检察院在办理一起父亲杀害未成年子女（未遂）案件中，依法追究犯罪嫌疑人刑事责任的同时，与两名未成年被害人建立对口帮扶关系，及时帮助解决孩子的生活困难，全力保障其顺利完成学业，实现人性化精准帮扶。

三是支持未成年被害人获得民事赔偿。对于未成年被害人因身体医治和精神诊治支出的费用，检察机关支持未成年被害人及其法定代理人提出民事赔偿请求。同时，对于未成年人遭受严重精神创伤，侵害行为给被害家庭造成极大影响的，检察机关探索支持被害人及其法定代理人提起精神损害赔偿诉讼。上海市宝山区人民检察院对牛某某涉嫌强奸案依法提起公诉并支持被害人提起刑事附带民事诉讼，最终，牛某某被判处有期徒刑十年，剥夺政治权利一年，一次性赔偿被害人精神抚慰金3万元。

五、加快推进未成年人检察业务统一集中办理

2020年，检察机关持续加大未成年人全面综合司法保护力度，深入推进未成年人检察业务统一集中办理工作，全国检察机关未成年人检察工作会议和《最高人民检察院关于加强新时代未成年人检察工作的意见》对统一集中办理工作进行了专门强调和部署，各项工作稳步有序推进。

（一）未成年人检察业务统一集中办理各项业务持续发力

一是未成年人刑事执行检察力度不断加大。更加积极主动依职权开展羁押必要性审查，最大限度减少对涉罪未成年人不必要的羁押。2020年共对涉罪未成年人开展羁押必要性审查4196人，提出释放或变更强制措施建议585人，直接释放或者变更强制措施918人。广东、湖北等

地检察机关在对涉罪未成年人开展羁押必要性审查中进行量化评估，成效初显。强化对看守所、未成年犯管教所在押未成年人监管活动监督，助推被羁押未成年人的帮教维权。2020 年共纠正混管混押 470 人，纠正违法 175 件，发出检察建议 123 件，开展入所帮教 1992 人次，出所教育 836 人。山东、浙江、河北、上海、福建、江苏等地的未成年犯管教所交由未成年人检察部门承担监督任务。河北、四川等地通过巡回检察方式监督未成年犯管教所日常监管活动。加强未成年人社区矫正监督，保障社区矫正法、社区矫正法实施办法有关未成年人社区矫正特别规定落实到位，配合做好对未成年人的教育矫正。2020 年共对 927 人开展交付执行监督，对 2327 人开展日常监管监督，对 588 人开展教育奖惩监督，对 508 人开展解除宣告监督，纠正脱管漏管 49 人，纠正收监执行不当 13 人，纠正侵犯社区矫正人员合法权益行为 57 人次。在工作中，各地检察机关注重加强与司法行政部门的对接联系。甘肃省人民检察院联合甘肃省司法厅组织开展未成年人社区矫正督查活动，有效促进了未成年人社区矫正活动规范开展。

二是未成年人监护权监督工作不断深入。对于监护侵害或者监护缺失严重损害未成年人身心健康的，在依法惩处的同时，建议、支持有关部门、组织或个人向法院起诉撤销监护人资格，并积极参与协调做好对未成年人的综合保护、生活安置等工作。2020 年，各级检察机关结合办案共对监护侵害、监护缺失行为支持起诉 311 件，发出检察建议 202 件，撤销或变更监护权 261 件。福建福州市人民检察院探索“督促监护令”制度，对监护人存在管教不严、监护缺位等问题导致未成年人违法犯罪或受到侵害的，向监护人发出“督促监护令”，推动解决未成年人涉案背后“家庭监护不力”这一未成年人保护痛点难点问题。成都市武侯区人民检察院联合公安、民政、司法等部门会签《加强受监护侵害的未成年人权益保护工作措施二十条》，推动解决监护侵害案件发现难、报告难、干预难、救助难、联动难等现实问题。

三是未成年人民事、行政检察业务稳步推进。积极开展涉及未成年人监护、代理、抚养、收养、继承、教育等民事、行政案件的审判监督和执行活动监督。重点强化对当事人为未成年人或者诉讼请求可能对未成年人利益产生重大影响的民事、行政审判活动监督，以及对农村留守儿童、事实无人抚养儿童等特殊群体权益保护工作的监督，探索开展有关未成年人促进行政争议实质性化解工作。强化未成年人家事审判监督，检察机关围绕未成年人健康成长需要，共提出抗诉15件，发出其他检察建议95件。山东省人民检察院对一起未成年人诉医院医疗损害民事纠纷案抗诉获改判，取得较好社会效果。河北唐山市路北区人民检察院针对一起学龄儿童落户的行政争议案件，会同法院组织召开行政争议多元化解协调磋商会，积极促成公安机关形成解决方案，其监护人当场表示撤诉，行政争议得以实质性化解。

四是未成年人公益诉讼检察工作成效明显。各地牢牢抓住“公共利益”这个核心，积极稳妥拓展未成年人公益诉讼案件范围，加大办案力度，成功办理了督促控辍保学、未成年人禁烟保护、整治教育培训机构、基础设施安全、个人信息保护、校园周边交通安全、疫情期间销售伪劣儿童口罩、娱乐场所违规接纳未成年人、未落实景区门票优惠政策等一批未成年人公益诉讼案件，取得良好社会效果。2020年共办理未成年人公益诉讼案件1574件，发出公益诉讼诉前检察建议1541件，提起诉讼26件。从案件领域看，共办理食品药品安全等传统领域案件943件，新领域案件631件。杭州市余杭区人民检察院针对某知名短视频公司侵犯未成年人个人信息提起民事公益诉讼，监督促进网络企业合规经营，保障未成年人在网络空间的合法权益，促进了整个行业治理。北京市海淀区人民检察院通过制发行政公益诉讼诉前检察建议，督促相关部门整治互联网平台传播涉毒品音视频。重庆市人民检察院以重点清除校园及周边长期存在的“危险源”为核心，在全市范围部署开展为期一年的未成年人公益诉讼专项行动，共办理校园及周边食品药品安全、乡村学校饮用水质量及环境安全、学生出行、文化及人身安全等未成年人公益诉讼案件 89 件。上海、山东、广西、贵州、西藏等地建立未成年人检察公益诉讼观察员制度，拓宽涉未公益诉讼线索渠道。

（二）未成年人检察业务统一集中办理优势日益彰显

一是对未成年人全面综合司法保护越来越深入。各级检察机关发挥参与未成年人司法保护全过程、熟悉未成年人身心特点的优势，综合运用多种手段，积极贯彻落实最有利于未成年人原则，强化系统保护观念，落实“捕、诉、监、防、教”一体化履职，最大限度维护未成年人合法权益。江苏溧阳市注重在涉未成年人刑事案件中发现公益诉讼案件线索，成功办理督促整治网吧违规接纳未成年人行政公益诉讼案，充分发挥统一集中办理优势，全面保护未成年人合法权益。辽宁开展“两个帮扶”工作，对在押服刑未成年人监管活动进行监督的同时，同步开展从入监、服刑到出监、回归社会全链条的帮扶教育，助力涉罪未成年人顺利回归社会。湖北、福建、贵州、广西等地借助社会支持体系力量优势，对涉案未成年人开展跟踪教育、管束、帮扶，不断提高司法保护品质。

二是未成年人司法保护特殊规律要求体现越来越充分。整合各项涉及未成年人的检察职能，交由未成年人检察部门统一集中办理，更有利于将刑事、民事、行政等众多未成年人保护要求在多项业务、多个环节一体化贯彻落实。对于未成年人刑事检察中已经较为成熟的社会调查、家庭教育指导等特殊程序和特殊处遇措施，在不少地方检察机关已经被统筹运用到刑事执行、民事、行政等业务中，对未成年人的保护更加及时到位。江苏、四川、湖北等地探索对因监护缺失或监护不力而导致未成年人犯罪或被侵害的，对其监护人开展家庭教育指导，促进提升监护履职能力，确保未成年人得到有效监护。

三是推动解决涉未成年人案件背后深层次社会问题成效越来越明

显。各级检察机关秉持立足预防、减少未成年人犯罪或者受到侵害的工作目标，结合检察办案和对案件成因、规律和趋势等研判分析，积极推动源头治理和标本兼治，促进未成年人保护社会治理现代化建设。浙江、江苏等地针对办案中发现的涉罪未成年人多文身问题，通过检察建议、公益诉讼等方式开展法律监督，推动开展专项整治。加强对涉及未成年人诉讼活动等的法律监督，以开展公益诉讼专项检查、社会综合治理专项行动为抓手，推动未成年人保护法律法规落实到位，解决未成年人问题及其背后的深层次社会问题。宁夏回族自治区固原市人民检察院联合市文化旅游广电局在全市范围对旅游景区执行未成年人门票优惠政策落实情况开展公益诉讼专项行动，针对发现的部分危险景点缺少“禁止儿童戏水、攀爬、注意儿童安全”提示牌等安全问题，发出检察建议推动整改。

（三）未成年人检察业务统一集中办理工作在全国检察机关稳步全面推开

随着未成年人检察业务统一集中办理工作深入推进，未成年人检察业务统一集中办理的制度价值日益凸显，探索经验和做法成效也随着工作推进逐步积累、愈加丰富，未成年人检察业务统一集中办理工作在全国检察机关稳步全面推开的时机已逐渐成熟。2020 年 12 月，最高人民检察院下发通知，决定自 2021 年起，未成年人检察业务统一集中办理工作在全国检察机关稳步全面推开。

六、促进未成年人保护社会治理

2020 年，检察机关持续以监督落实“一号检察建议”为牵引，充分发挥法律监督职能，加强与有关部门的沟通合作，促进未成年人保护社会治理。

（一）持续抓好“一号检察建议”监督落实

一是争取各地党委政府支持。2020 年，各地检察机关更加积极主动，以“一号检察建议”为抓手，向当地党委、人大全面报告未成年人检察工作，并提出加强本地未成年人保护工作的意见建议。云南省人民检察院就未成年人犯罪案件高发的严峻形势，以调研报告形式专报省委省政府，云南省委办公厅、省政府办公厅印发《云南省进一步加强预防未成年人违法犯罪工作方案》，将预防未成年人违法犯罪工作领导小组办公室设置在省人民检察院。

二是突出打击性侵未成年人犯罪。2020 年，检察机关进一步加大打击校园性侵犯罪力度，从严追诉，从重提出量刑建议。同时，从简单强调“抓人多”“判刑重”的粗放型严厉打击，向更加注重立足本地发案特点和规律、精准化施策转变。针对旅馆违规接纳未成年人致性侵害案件频发问题，浙江、江苏、河北等地检察机关推动公安、文化旅游、市场监管等主管部门开展专项整治，加强行业管理，预防和减少发生在旅馆内的性侵害未成年人案件。

三是强化未成年被害人保护救助。2020 年，各地检察机关注重发挥“一站式”办案场所的综合功能，会同有关部门开展未成年被害人接受询问、生物样本提取、身体检查、心理疏导等工作。广东省深圳市人民检察院划拨专项资金，在辖区开展“性侵未成年人保护深圳标准建设试点”，引入专业司法社工，助力性侵未成年被害人回归社会。福建省厦门市集美区人民检察院推动在“社会治安综合保险”中增加救助条款，为辖区内性侵案件被害人发放救助金，实现对该类被害人救助全覆盖。

四是立足职能主动作为。通过检察建议、公开宣告等形式，助推教育、公安、文化执法、市场监管等职能部门依法履职。最高人民检察院就涉案未成年人辍学等问题与最高人民法院、教育部、共青团中央、全国妇联等单位开展联合调研，进一步加强重点群体未成年人的权益维护。针对少数含有自杀、色情等不良内容儿童读物不规范出版、销售以及被部分学校作为教辅书的问题，上海、浙江、陕西等地检察机关督促文化、教育部门开展专项整治，对图书市场进行检查，对相关图书下架、销毁处理。针对校外培训机构安全管理突出问题，浙江省人民检察院推动该省教育厅出台《关于规范校外培训机构设置和管理的指导意见》，要求校外培训机构参照中小学校、幼儿园建立安全制度。四川自贡市人民检察院针对未成年人有偿陪侍问题，向公安机关和文化执法部门发出检察建议，并通过公开宣告，强化监督刚性，督促公安、文化部门对当地289家娱乐场所开展专项检查，当场处罚62家，责令整改107家。

（二）建立未成年人权益保护和涉未成年人犯罪预防长效机制

一是建立教职员工准入查询性侵违法犯罪信息制度。2020年8月，最高人民检察院联合教育部、公安部发布《关于建立教职员工准入查询性侵违法犯罪信息制度的意见》，明确中小学校、幼儿园新招录教职员工前，教师资格认定机构在授予申请人教师资格前，应当进行性侵违法犯罪信息查询。对具有性侵违法犯罪记录的人员，不予录用或者不予认定教师资格，从而把“大灰狼”挡在校园之外，有效预防性侵未成年人犯罪发生。2020年以来，上海市共对10万余名与未成年人密切接触人员进行查询，发现24人有猥亵、介绍卖淫等涉性侵害违法犯罪记录，全部予以清退。

二是建立侵害未成年人案件强制报告制度。2020年5月，最高人民检察院联合国家监察委、教育部、公安部、民政部、司法部、国家卫生健康委、共青团中央、全国妇联下发《关于建立侵害未成年人案件强制报告制度的意见（试行）》，明确公职人员，密切接触未成年人行业的各类组织及其从业人员，在工作中发现未成年人遭受或者疑似遭受不法侵害以及面临不法侵害危险的，应当立即向公安机关报案或举报。对隐瞒不报的严肃追责，上海某小学校长、党委书记不履行强制报告义务，检察机关建议、监督对该校校长、党委书记撤职、降级；湖南某小学教师强奸、猥亵学生案件，涉事学校负责人隐瞒不报，检察机关对该校正副校长以涉嫌渎职犯罪提起公诉，已被追究刑事责任。强制报告制度建立以来，四川检察机关会同公安机关初核 161 条未成年人疑似遭受侵害线索，促成刑事立案 70 件；江苏收到报告 243 份，刑事立案 65 件。

（三）积极参与未成年人保护综合治理

一是加强疫情期间未成年人特殊保护。编发《未成年人涉疫情典型案例》，指导各地灵活采取远程提讯、帮教、宣告不起诉、异地协作等方式，落实未成年人特殊保护政策和程序要求。指导各地未成年人检察部门加强排查被隔离人员未成年子女的监护、照管情况，确保未成年人有人看、有人管。加强疫情期间未成年人法治和心理教育，积极指导各地开展“网络普法”活动，并在最高人民检察院官方微信公众号开设“未检云战疫”专栏，分 5 期推送 15 部优秀动漫和故事，通过教育部全国青少年普法网同步推送。2020 年“六一”前夕，最高人民检察院举办“同舟共济，检护明天”未检主题检察开放日活动，首次面向社会全程网络直播，邀请知名心理和法治教育专家答疑，几百万人在线收听收看。

二是积极参与农村留守儿童和困境儿童关爱保护工作。认真履行农村留守儿童和困境儿童保护部际联席会议成员单位职责，严厉打击侵害农村留守儿童和困境儿童犯罪，2020 年批准逮捕侵害农村留守儿童犯罪案件 1845 人，起诉 2521 人。与全国妇联等单位联合开展了“守护童年 牵手共成长”暑期儿童关爱服务活动，重点加强对留守儿童和困境儿童关爱保护，帮助解决实际问题。各地检察机关加强与教育、民政、共青团、妇联等多部门的沟通协调，积极创建“留守儿童之家”，引入社会力量开展法治宣传、心理健康辅导、家庭亲情关怀、社会帮扶等工作，着力提升农村留守儿童和困境儿童的幸福感和认同感。河北省人民检察院和省民政厅、教育厅深化合作，加强困境未成年人救助帮扶工作，制定《关于加强涉案困境未成年人救助帮扶的实施意见》，帮助涉案未成年人走出生活困境。

三是加强重点领域和重点问题治理。依法办理未成年人涉黑恶犯罪案件。坚持分化瓦解、区别对待，对首要分子和积极参加者、骨干成员依法惩治。对不是“黑恶”的绝不“凑数”。在办理未成年人普某某等人涉嫌故意伤害、寻衅滋事、聚众斗殴案过程中，指导云南检察机关认真审查把关，并根据涉案人员不同情况分别作出处理，对其中26名未达刑事责任年龄未成年人不再“一放了之”，而是实施精准帮教，积极促进未成年人保护社会治理，受到当地党委政府高度评价。积极推动对酒吧、宾馆违法接待未成年人、网络黄赌毒侵害未成年人等重点问题的社会治理，黑龙江、湖北等地检察机关针对酒吧违规接纳未成年人问题发出检察建议，督促市场监督管理部门牵头开展执法检查，规范酒吧经营管理。杭州市西湖区人民检察院联合10部门会签《关于建立未成年人“三不宜”行为处置制度的意见》，对未成年人进入歌舞娱乐场所、网吧、酒吧等不宜进入的场所，从事法律规定不宜从事的劳动等不宜职业，向未成年人销售烟酒等不宜活动进行联合管理。发现相关场所允许未成年人“三不宜”行为或未按规定履行阻止、询问、报备等义务，导致未成年人犯罪或受侵害，有涉嫌犯罪可能的，由公安机关立案侦查，必要时，检察机关提前介入侦查。相关职能部门未及时履行职责导致上述情况发生的，由检察机关进行监督。

七、加强未成年人法治宣传教育

2020年，检察机关认真贯彻习近平法治思想，落实“谁执法，谁普法”普法责任制，加强青少年法治教育，不断推动检察机关法治宣传教育常态化、规范化、制度化。

（一）推动检察官担任法治副校长工作不断深化

一是领导干部以上率下，持续推动检察官担任法治副校长工作。2020年9月，最高人民检察院检察长张军以《民法典中的未成年人权益保护》为题，第三次到北京二中讲授法治课，北京16个区的师生代表同步视频收看。最高人民检察院常务副检察长童建明参加教育部国家宪法日“宪法晨读”活动，通过教育部全国青少年普法网为全国6000余万名学生讲授法治课。11月20日“世界儿童日”，最高人民检察院召开领导干部担任法治副校长工作会议，院领导、各业务厅厅长全部担任法治副校长。截至2020年底，全国3.3万名检察官在4.5万所各类学校担任法治副校长，实现全国四级检察院检察长担任法治副校长全覆盖。

二是建章立制，有序推进法治副校长工作开展。江苏、浙江、湖北等地制定省级层面工作机制，将检察官担任法治副校长作为当地一项民生工程，并细化法治副校长的选聘、职责和管理。浙江省人民检察院推动省委政法委将法治进校园工作纳入“2020年护校安园行动方案”。河北省邯郸市人民检察院与市教育局会签《关于全市检察机关百名检察长、副检察长、高级检察官担任中小学校兼职法治副校长实施意见》，推动市县两级院百余名检察官全部担任法治副校长。

三是协作联动，不断充实法治副校长队伍。贵州省人民检察院与省教育厅、省高级人民法院联合下发《关于在全省中小学校全面推进“法官+检察官进校园”工作的通知》，山东省济南市人民检察院会同市公安局、法院、司法局、教育局联合制定《济南市中小学法治副校长配备管理规定》，云南省麻栗坡县人民检察院积极争取县委政法委支持，推动出台《县政法干警担任学校法治辅导员工作实施方案》，推动政法干警共同促进法治校园建设。重庆市检察机关“莎姐”普法队伍积极吸纳教师、人大代表、政协委员、企业家等志愿者1500余人，组织开展首届优秀莎姐志愿者评选活动，推动法治副校长数量、质量双提升。

四是突出重点，推动法治教育资源倾斜。针对农村中小学校法治教育缺失问题，各地检察机关在开展法治进校园工作中，尽量向农村、偏远、贫困地区配置更多的优质法治资源。江西省人民检察院会同省教育厅下发《关于做好检察机关“法治副校长”向乡村学校延伸工作的通知》，要求全省各级院检察长全部担任乡村学校法治副校长，提出乡村法治副校长人数“破千人”的量化目标。河南检察机关网格化推进法治副校长进乡村工作，将辖区内农村、偏远山区学校和教学点的数量、位置和基本情况登记造册，保障农村、偏远山区“送法进校园”全覆盖。江苏省徐州市人民检察院联合教育部门对农村中小学教职员工全员进行法治轮训。云南省元江县人民检察院开展“法治进山区”活动，为贫困地区少数民族孩子“定制”专属的法治教育课程，峨山县人民检察院组建“彝乡”未成年人检察宣讲团队，为留守儿童建立档案，开展为期三年的培养帮扶计划。

（二）深入开展“法治进校园”活动

一是总结“法治进校园”全国巡讲活动、“法治进校园全国巡讲团再出发——走进三区三州”活动，下发《关于表扬检察机关“法治进校园”全国巡讲活动表现突出单位和突出个人的通报》，对在全国巡讲活动中表现突出的95个突出单位和167名突出个人通报表扬。

二是推动“法治进校园”与学校日常教学活动结合。江苏省人民检察院针对毒品犯罪、预防性侵害等主题，集中研发“讲课稿+PPT+视频资料”的课程库。河南省人民检察院打造标准化课件122个，向5727所学校输送，覆盖师生550余万人。浙江省湖州市南浔区人民检察院联合区教育局签署《关于建立南浔区中小学道德与法治教育第二课堂的实施办法》，要求辖区内重点年级的学生每学年完成固定课时的法治课。

三是参与平安校园建设。立足检察职能，根据学校需求，通过为学校提供法律咨询、开展临界预防、参与社会综合治理等工作，全面履行法治副校长职责。河北、山西、安徽、甘肃等地检察机关法治副校长通过列席校务会，协助学校研究部署防疫、法治、德育等工作，努力把法治副校长工作做深、做实。

（三）创新法治宣传教育

一是组织开展首届全国未成年人检察微电影微视频微动漫评选活动，评选出优秀作品在教育部中小学在线教育平台等媒体、平台展播。《青春需要温暖》获第五届平安中国三微比赛“十大原创音乐 MV”。组织编写《检察官：少年，你应该知道的法律那些事儿》等未成年人法治教育系列图书，指导拍摄《聚光》《爱的力量》等一批公益 MV，未成年人检察的法治宣传影响力和效果进一步提升。

二是因时制宜开展线上法治教育。各地检察机关结合疫情防控形势，强化网络法治课建设。浙江全省录制法治教育网课 260 门，先后覆盖学校 1780 所，师生家长 219 万余人。广州市南沙区人民检察院在全省“扫黄打非·新风”集中行动暨全市“扫黄打非”开学第一课启动仪式上，通过多个网络平台同步播出《莫让网事不堪回首，网络安全不失守》，收看人数超过 1000 万人次。

三是持续打造《守护明天》未成年人法治教育品牌。2020 年，最高人民检察院联合中央广播电视总台制作《守护明天》第四季。克服疫情影响，第四季对节目内容与形式进行了创新，邀请中央相关部门负责同志及基层优秀未成年人检察检察官进行专业解读、辨法析理，收视率再创新高。

八、深化未成年人检察专业化、规范化、社会化建设

2020年，各级检察机关认真贯彻落实全国检察机关未成年人检察工作会议精神，持续深化未成年人检察专业化、规范化、社会化建设，取得明显进展。

（一）努力提高未成年人检察专业化水平

一是进一步加强专门机构和办案组织建设。督促各地落实最高人民检察院部署要求，推动省会城市、较大城市的检察院设立独立未成年人检察机构，无独立机构的市级院、基层院，设立未成年人检察办案组或者独任检察官，进一步巩固扩大机构改革成果，实现四级院未检工作专业化办理。同时，针对"两法"修订、未成年人检察业务统一集中办理带来工作量大幅增加的实际，河南、山东、北京等地检察机关积极争取重视支持，充实人员力量。北京、四川成都等地通过完善考核评价机制，推动解决未检"专人不专"等问题。

二是努力打造专业化队伍。强化教育培训，举办全国未成年人检察案事例培训班、西部未成年人检察业务研修班以及性侵案件办理等网络专题培训，提高未成年人检察队伍综合素能。最高人民检察院与联合国儿童基金会在云南省临沧市举行内地与"三区三州"部分地区检察院未成年人检察业务"结对共建"活动，来自北京、上海、浙江、江苏等地与"三区三州"部分地方26个检察院结对共建，助力巩固脱贫攻坚，实现资源共享、相互促进、共同进步。积极打造未成年人检察工作品牌，重庆"莎姐"、四川"亮晶晶"等团队深入人心，涌现出2020年度CCTV法治人物、"最美检察官"章春燕，全国模范检察官梅玫、全国先进工作者王帆等优秀未检检察官。

三是加强未成年人检察理论研究。最高人民检察院与中国政法大学共建未成年人事务治理与法律研究基地，依托北京师范大学未成年人检

察研究基地举办未成年人保护法座谈会、罪错未成年人分级干预研讨会，举办中国法学会检察学研究会未成年人检察专业委员会2020年年会，促进理论研究与未成年人检察实践融合发展。编发连续出版物《未成年人检察》。推进有关未成年人司法法、校园欺凌等相关课题研究。

（二）持续推动未成年人检察规范化建设

一是明确办案范围和模式。统一受案范围，所有未成年人犯罪案件、侵害未成年人犯罪案件原则上由未成年人检察部门统一办理。确立“捕、诉、监、防、教”一体化工作新机制，明确同一案件的审查逮捕、审查起诉、法律监督、犯罪预防、教育挽救等工作依法由同一检察官办案组或者独任检察官负责。有序推进涉未成年人刑事、民事、行政、公益诉讼检察业务统一集中办理工作，努力实现未成年人全面综合司法保护。

二是提升司法办案质效。制定未成年人检察案件质量主要评价指标，进一步落实《关于建立未成年人检察工作评价机制的意见（试行）》，指导各地出台相关实施细则。积极参与推进统一业务应用系统2.0未成年人检察业务建设，召开未成年人检察智能化发展研讨会，搭建未成年人检察侦查监督平台，运用信息化手段推动未成年人检察工作提质增效。

三是规范司法办案机制。出台《最高人民检察院关于加强新时代未成年人检察工作的意见》，下发《最高人民检察院关于加快推进未成年人检察业务统一集中办理工作的通知》，推动新时代未成年人检察工作全面、深入发展。发布未成年人涉疫情、监护侵害监督、强制报告、入职查询等四批典型案例，为司法办案提供参考与借鉴。

（三）下大力气构建未成年人检察社会支持体系

一是持续推动未成年人检察社会支持体系顶层设计。落实与共青团中央会签的《关于构建未成年人检察工作社会支持体系合作框架协议》，做好首批40个地区委托开展未成年人检察社会支持体系建设工作，按照“试点引路，示范带动”的思路，总结试点工作情况，研究推动未成年人检察工作社会支持体系示范单位建设工作。2020年8月，最高人民检察院、民政部、团中央部署在7个未成年人检察社会支持体系建设试点省份开展《未成年人司法社会工作服务》国家标准试行工作，历时4个月完成试行并进行总结，推动未成年人司法工作社会支持体系进一步完善。

二是因地制宜推动未成年人检察社会支持体系建设。贵州、宁夏等地检察机关与妇联共同建立妇女儿童权益保护工作合作机制，着重在建立信息共享机制、妇女儿童权益保护联动机制、落实涉未成年人案件特殊保护制度、加强帮扶关爱救助、共同开展法治宣传和犯罪预防等方面加强合作。西安市碑林区人民检察院与省儿童心理学会成立“检学研”合作基地，将未成年人检察、未成年人心理学、未成年人保护研究工作有机结合，推动提升未成年人司法保护效果。

三是加强与联合国儿童基金会、救助儿童会等国际组织的交流合作，共同举办西部未成年人检察专题培训交流、罪错未成年人分级干预研讨等活动，持续以开放的态度，学习借鉴域外未成年人司法保护先进经验，展示我国未成年人司法文明与进步。

结　　语

2020年，检察机关坚持以习近平新时代中国特色社会主义思想为指导，认真贯彻习近平法治思想，坚持“讲政治、顾大局、谋发展、重自强”的总体要求，积极应对各类风险挑战特别是新冠肺炎疫情带来的严重冲击影响，把未成年人检察工作摆在更加突出的位置谋划和推进，以高度的政治自觉、法治自觉、检察自觉，进一步更新司法理念，把握办案规律，凝聚各方力量，推进未成年人全面综合司法保护，在服务党和国家经济社会发展大局中推动未成年人司法保护实现新发展。

随着新时代社会主要矛盾发生变化，人民群众对未成年人司法保护工作提出新的更高要求，新修订的未成年人保护法、预防未成年人犯罪法吸收了检察机关探索建立的一系列制度机制，确立了检察机关对涉及未成年人的诉讼活动、未成年人重新犯罪预防工作等开展法律监督的职责，赋予检察机关未成年人保护新的更重任务。然而，与新任务、新要求相比，一方面，未成年人检察工作在司法理念、专业能力、办案效果、机制创新、监督力度等方面还存在一些问题，突出表现为各地工作发展不平衡，传统未成年人刑事检察与涉未成年人的刑事执行、民事、行政、公益诉讼检察发展不协调，地区间差距较大；工作规范化、精细化程度不够；基层院未检力量薄弱，队伍整体素质能力有待提升等。另一方面，当前未成年人保护形势依然严峻复杂，未成年人犯罪出现新情况新问题，侵害未成年人犯罪案件多发高发，未成年人保护法律法规落实不到位的情况较为突出，诱发未成年人犯罪或者遭受侵害的一些普遍性问题还没有彻底解决，严重危害未成年人健康成长。

2021年是“十四五”开局之年，未成年人检察工作迈入新发展阶段，开启新的征程。检察机关将全面贯彻习近平法治思想，认真落实中央政法工作会议和第十五次全国检察工作会议精神，牢固树立最有利于未成年人的原则，以新修订的未成年人保护法、预防未成年人犯罪法施行为契机，以加快推进未成年人检察业务统一集中办理为抓手，以深入落实“一号检察建议”为牵引，立足职能做好“精装修”，把未成年人检察保护的质量、效益摆在更加优先位置，持续深化未成年人检察专业化、规范化、社会化建设，有效推动新时代未成年人检察工作高质量发展，更加有力扛起未成年人司法保护的检察责任，为未成年人健康成长、社会和谐稳定提供优质司法保障，以优异成绩庆祝建党100周年、人民检察创建90周年！

附件：

全国未成年人检察工作大事记

（2020）

1. 2020 年 1 月 19 日，最高人民检察院召开首次全国检察机关未成年人检察工作会议，总结近年来未成年人检察工作情况，明确当前和今后一个时期未成年人检察工作的发展方向和总体要求。最高人民检察院检察长张军出席会议并作重要讲话。

2. 2020 年 3 月 20 日，最高人民检察院第九检察厅编发《监护侵害监督典型案例》，涉及指控犯罪、支持撤销监护人资格诉讼、综合救助、督促履行法定义务、异地协作帮扶、家庭教育指导、适用禁止令等多项规范指引。

3. 2020 年 3 月 31 日，最高人民检察院第九检察厅编发《未成年人涉疫情典型案例》，针对未成年人涉疫情案件的政策把握、证据审查、救助保护、帮教矫治等难点问题，指导各地灵活采取远程提讯、异地协作等方式，落实未成年人特殊保护政策和程序要求。

4. 2020 年 4 月 13 日，最高人民检察院联合公安部组成督导组指导办理鲍某某涉嫌性侵养女案，全面查清案件事实，依法审慎处理，及时向社会公布调查结果。

5. 2020 年 4 月 21 日，下发《最高人民检察院关于加强新时代未成年人检察工作的意见》，进一步确立全面提升未成年人检察工作水平的总体思路、基本原则和具体举措。

6. 2020 年 5 月 7 日，最高人民检察院联合国家监察委员会、教育部、公安部、民政部、司法部、国家卫生健康委员会、共青年团中央、全国妇联出台《关于建立侵害未成年人案件强制报告制度的意见（试行)》，明确公职人员，密切接触未成年人行业的各类组织及其从业人员，在工作中发现未成年人遭受或者疑似遭受不法侵害以及面临不法侵害危险的，应当立即向公安机关报案或举报。5 月29 日，最高人民检察院发布《侵害未成年人案件强制报告典型案例》，助推强制报告制度落到实处。10 月12 日，最高人民检察院、重庆市人民检察院、重庆市九龙坡区人民检察院联合发布公益宣传片《聚光》，聚焦侵害未成年人犯罪发现难困境，号召强制报告主体履行强制报告义务，推动形成关爱未成年人健康成长的良好氛围。

7. 2020 年 5 月 30 日，最高人民检察院举办“同舟共济，检护明天”未成年人检察主题检察开放日活动，首次面向社会全程网络直播，邀请知名心理和法治教育专家答疑，数百万人在线收听收看。最高人民检察院检察长张军出席并致辞。

8. 2020 年 6 月 1 日，最高人民检察院发布《未成年人检察工作白皮书（2014—2019)》，总结近年来未成年人检察工作，研判新时代未成年人司法保护形势，回应社会关切。

9. 2020 年 6 月 17 日，最高人民检察院与中国政法大学合作共建未成年人事务治理与法律研究基地，召开“未成年人事务治理现代化”研讨会。最高人民检察院常务副检察长童建明出席并致辞。

10. 2020 年 6 月 24 日，北京市海淀区人民检察院通过制发行政公益诉讼诉前检察建议，督促相关部门整治互联网平台传播涉毒品音视频，各大网络平台共清理涉毒音视频、文章（评论）近 2000 条，下线 7 名歌手 46 首歌曲，技术处理或查封账号 88 个，媒体广泛报道，检索信息量达 2. 1 亿条。

11. 2020 年 7 月 8 日，全国妇联、最高人民检察院等 11 部门共同下发《关于开展“守护童年牵手共成长”——2020 暑期儿童关爱服务活动的通知》，旨在帮助广大儿童度过一个有意义、有收获，充满安全感和幸福感的假期。

12. 2020 年 7 月 8 日，最高人民检察院对广西钦州杨光毅强奸案（“百香果”案）建议最高人民法院启动审判监督程序，广西检察机关派员出席再审法庭，后杨光毅被改判死刑立即执行。

13. 2020 年 7 月 13 日，最高人民检察院下发《关于表扬检察机关“法治进校园”全国巡讲活动表现突出单位和突出个人的通报》，对北京市西城区人民检察院等 95 个全国巡讲突出单位和北京市朝阳区人民检察院李雨聪等 167 名全国巡讲突出个人通报表扬。

14. 2020 年 7 月 20 日，最高人民检察院下发《关于首届全国未成年人检察微电影、微视频、微动漫评选获奖作品及单位的通报》，评选优秀作品 72 部，在教育部中小学在线教育平台等媒体、平台展播。

15. 2020 年 8 月 7 日，湖北省人民检察院联合省委政法委、省教育厅等 12 家单位，会签《关于建立涉性侵害违法犯罪人员从业限制制度的工作办法》，全面开展对未成年人密切接触行业从业人员涉性侵害犯罪记录筛查、专项整改等活动，促进破解湖北“疫后综合症”。

16. 2020 年 8 月 12 日，最高人民检察院第九检察厅举办性侵害未成年人案件办理网络业务培训，四级院未成年人检察干警参加。

17. 2020 年 8 月 18 日，最高人民检察院、教育部、公安部联合下发《关于建立教职员工准入查询性侵违法犯罪信息制度的意见》，明确中小学校、幼儿园新招录教职员工前，教师资格认定机构在授予申请人教师资格前，应当进行性侵违法犯罪信息查询。对具有性侵违法犯罪记录的人员，不予录用或者不予认定教师资格。9 月 18 日，最高人民检察院联合教育部、公安部召开入职查询制度新闻发布会，通报相关情况，发布 5 个典型案（事）例。

18. 2020 年 8 月 20 日，最高人民检察院联合共青团中央、首都师范大学北京青少年社会工作研究院部署开展《未成年人司法社会工作服务》国家标准试行工作。

19. 2020 年 8 月 26 日，云南省人民检察院与中国人民解放军昆明军事检察院会签会议纪要，对加强军人家庭未成年子女保护工作作出部署，创新建立军地检察机关保护军人家庭未成年子女协作机制。11月25日，在云南省临沧市召开驻滇部队军人家庭未成年子女保护工作推进座谈会，共商呵护“军娃”健康成长举措，为实现强军梦助力。

20. 2020年9月3日、12月8日，最高人民检察院第九检察厅两次对全国检察机关未成年被害人“一站式”办案场所建设进展情况进行通报，截至年底已建成“一站式”办案区1029个。

21. 2020年9月4日，最高人民检察院检察长张军以《民法典中的未成年人权益保护》为题，第三次到北京市第二中学讲授法治课，北京16个区的师生代表同步视频收看。

22. 2020年9月5日至10月12日，陕西省人民检察院与团省委、省儿童心理学会联合组织开展首批未成年人检察司法社工和志愿者培训、考核及聘任活动，经层层选拔，确定30人担任未成年人检察司法社工、志愿者。

23. 2020年9月11日，最高人民检察院第九检察厅发布《关于组织开展通报表扬2020年度未成年人检察业务优秀办案团队和优秀办案检察官的工作方案》，组织开展未成年人检察业务条线优秀办案团队和优秀办案检察官推选工作。

24. 2020年9月25日，广西壮族自治区人民检察院联合自治区教育厅等5家单位印发《广西中小学法治副校长（辅导员）管理办法》；12月4日，安徽省人民检察院牵头与省高级人民法院、省公安厅、省教育厅会签《关于进一步加强和规范全省中小学法治副校长工作的意见（试行）》，规范和完善法治副校长工作。

25. 2020年10月15日，最高人民检察院第九检察厅联合北京师范大学未成年人检察研究中心、中国政法大学未成年人事务治理与法律研究基地、国际救助儿童会举办未成年人罪错行为分级干预研讨会。

26. 2020年10月16日，沪苏浙皖四省（市）检察机关会签《关于建立长三角区域未成年人检察工作协作机制的意见（试行）》，建立长三角区域未成年人检察工作协作机制。

27. 2020 年 10 月 17 日，第十三届全国人民代表大会常务委员会第二十二次会议表决通过新修订的未成年人保护法。

28. 2020 年 10 月 27 日至 30 日，最高人民检察院政治部、第九检察厅共同在北戴河办案中心举办“2020 年未成年人检察案事例培训班”，各省、市级人民检察院未检部门负责人、业务骨干 130 余人参加。

29. 2020 年 10 月 30 日，云南省委办公厅、省政府办公厅印发《云南省进一步加强预防未成年人违法犯罪工作方案》，决定成立云南省预防未成年人违法犯罪工作领导小组，由省委副书记担任组长，负责教育工作的副省长和省人民检察院检察长担任副组长，省级有关部门和单位为成员单位，领导小组办公室职责由省人民检察院和团省委共同承担，办公室设在省人民检察院。

30. 2020 年 11 月 6 日，最高人民检察院第九检察厅举办新修订的未成年人保护法网络学习培训，邀请立法机关相关部门负责人为四级院未成年人检察干警授课。

31. 2020 年 11 月 18 日，未成年人检察智能化发展研讨会在浙江诸暨召开，会议由北京师范大学未成年人检察研究中心等承办。

32. 2020 年 11 月 20 日，最高人民检察院召开领导干部担任法治副校长工作会议，院领导、各业务厅厅长全部担任法治副校长。最高人民检察院检察长张军出席会议并作重要讲话。

33. 2020 年 11 月 20 日，中国法学会检察学研究会未成年人检察专业委员会 2020 年年会暨《人民检察院刑事诉讼规则》修订与未成年人全面综合司法保护专题研讨会在北京召开，会议由中国法学会检察学研究会未成年人检察专业委员会主办，北京市人民检察院第一分院承办。

34. 2020 年 11 月 22 日至 12 月 1 日，最高人民检察院与中央广播电视总台联合制作的大型未成年人法治教育特别节目《守护明天》第四季在社会与法频道播出，收视率再创新高。

35. 2020 年 11 月 25 日至 27 日，最高人民检察院第九检察厅与联合国儿童基金会在云南临沧共同举办“西部未成年人检察专题研修班”暨“结对共建”活动，“三区三州”地区人民检察院干警、西部 13 个省级人民检察院未成年人检察部门负责人、联合国儿童基金会相关代表等参加。

36. 2020 年 11 月 26 日，最高人民检察院政治部、第九检察厅联合下发《关于规范内地与“三区三州”部分地区检察院开展未成年人检察业务结对共建的通知》，推动北京、上海、江苏、浙江等地与“三区三州”部分地方共 26 个检察院签订结对共建协议，在未成年人案件办理、未检业务培训、未成年人法治宣传教育等方面加强“点对点”支持和协助。

37. 2020 年 11 月 26 日，内蒙古自治区第十三届人民代表大会常务委员会第二十三次会议通过《内蒙古自治区人民代表大会常务委员会关于进一步加强未成年人检察工作的决定》，系省级人大常委会首个关于加强未成年人检察工作的决定。

38. 2020 年 12 月 2 日，杭州市余杭区人民检察院办理某知名短视频公司泄露未成年人隐私公益诉讼案，向法院提起民事公益诉讼，后法院调解结案。北京市检察机关同步办理相关行政公益诉讼案件。

39. 2020 年 12 月 4 日，最高人民检察院常务副检察长童建明同志参加教育部国家宪法日“宪法晨读”活动，以《在法治阳光普照下做尊法学法守法用法的小公民》为题，通过教育部全国青少年普法网为全国 6000 余万名学生讲授法治课。

40. 2020 年 12 月 14 日，经云南省人民检察院申请，报云南省法学会批准，云南省法学会未成年人司法保护研究会成立。下设昆明重罪未成年人重返社会研究基地、德宏未成年人综合保护研究基地、玉溪边疆少数民族未成年人犯罪预防研究基地。

41. 2020 年 12 月 18 日，“督促监护令”理论研讨暨实务交流会在福建福州召开，深入推进“督促监护令”机制探索，会议由福建省人民检察院等承办。

42. 2020 年 12 月 19 日，下发《最高人民检察院关于加快推进未成年人检察业务统一集中办理工作的通知》，自 2021 年起未成年人刑事、民事、行政、公益诉讼检察业务统一集中办理工作在全国检察机关稳步全面推开。

43. 2020 年 12 月 26 日，第十三届全国人民代表大会常务委员会第二十四次会议表决通过新修订的预防未成年人犯罪法。

指导案例、典型案例与解读

检察机关与各方力量携手构建未成年人保护大格局典型案（事）例

（2021年5月31日）

目　录

案（事）例一

主动担当　凝聚合力　强化困境未成年人综合保护

一、基本案情

2020 年 6 月，浙江省金华市某小学向当地教育局及妇联反映该校六年级女生小兰（化名，12 周岁）逃学失联数日，教育局和妇联遂将情况通报检察机关。金华市婺城区检察院随即介入，通过信息研判发现唐某甲、陈某、王某 3 人介绍幼女小兰从事卖淫活动的相关线索，遂启动立案监督程序，引导公安机关侦查布控，一举抓获包括唐某甲等人在内的多名犯罪嫌疑人。经审查，婺城区检察院对唐某甲以强奸罪、介绍卖淫罪，对陈某、王某等 5 人以介绍卖淫罪提起公诉，法院判处上述被告人有期徒刑六年六个月至一年六个月不等。

二、履职情况

（一）履行检察职责，深挖彻查侵害未成年人犯罪线索。婺城区检察院接到小兰失联的报告线索后，督促并联合公安机关快速调查核实小兰失联前的活动状态和轨迹，从校门口监控视频、前次逃学失联的接处警记录、微信朋友圈状态中，发现小兰的一些异常表现及频繁接触人员，研判出小兰极大可能被人利诱从事卖淫活动，疑似遭受性侵害。随即监督公安机关立案侦查，积极调查取证，缜密布控收网，一举抓获 10 名介绍幼女卖淫的犯罪嫌疑人。

（二）强化法律监督，确保未成年人获得有效监护。检察机关在办理案件过程中发现，小兰父亲因杀害小兰母亲于 2019 年 8 月被判处死刑缓期两年执行，致使小兰处于监护缺失状态。为解决小兰事实无人抚养的问题，婺城区检察院及时启动合适监护人调查评估程序，多次征询小兰本人意愿，到羁押场所听取小兰父亲意见，对各近亲属的监护能力、监护意愿、人格品性、与小兰的情感联系等方面进行调查评估。根据最有利于未成年人的原则，确定有监护意愿及监护能力且与小兰有一定感情基础的姨娘唐某乙为合适监护人。2020 年 7 月 29 日，婺城区检察院支持唐某乙向法院提起变更监护权的诉讼请求，法院当庭判决支持。

（三）凝聚多方合力，开展综合保护救助。为充分保障困境儿童小兰的合法权益，市区两级检察院联动开展国家司法救助工作，向小兰发放救助金人民币 5 万元。联合民政、教育、卫健、共青团、妇联等 11 家单位共商联动救助，最大限度地保障小兰的各项权益。其中，民政局将小兰纳入事实无人抚养儿童保障范围，及时足额发放基本生活补贴。教育局协调解决小兰小升初跨区入学问题。卫健局为小兰提供专业心理咨询和医疗卫生服务。妇联特聘家庭教育指导专家为小兰及其监护人开展针对性家庭教育指导。共青团选派青少年事务社工对小兰进行长效陪伴式关护。关工委为小兰送上“帮困助学、结对关爱”的经济救助。各部门在各自职责范围内履职尽责，帮助小兰稳定基本生活、改善身心状况、重塑价值观念。

三、典型意义

困境未成年人容易受到犯罪侵害，需要全面综合的司法保护。未成年人保护法第九十一条规定，各级人民政府及其有关部门对困境未成年人实施分类保障，采取措施满足其生活、教育、安全、医疗康复、住房等方面的基本需要。对于涉困境未成年人案件线索，检察机关应该保持高度敏锐性，发挥主动性，加强立案监督，及时、有效、从严打击侵害未成年人犯罪，自觉承担起未成年人司法保护的检察责任。对未成年人面临的监护缺失、生活失助等问题，要主动联合各职能部门形成保护合力，充分保障未成年人的生存权、发展权、受教育权等权利，推动构建未成年人保护大格局。

案（事）例二

支持起诉　协同救助　建立监护侵害案件一体化办案保护机制

一、基本案情

2017年7月，路某某（男）、袁某（女）将出生仅一个月的非婚生女儿“小红豆”遗弃在上海市儿童医院，并拒绝支付医疗费用，导致“小红豆”长期滞留在医院。2018年10月，儿童医院将上述情况告知上海市普陀区检察院，普陀区检察院立即启动刑事立案监督程序，并协调区民政局将病愈康复的“小红豆”送往区福利院进行临时监护。2019年8月，经普陀区检察院提起公诉，法院以遗弃罪分别判处路某某、袁某有期徒刑八个月和六个月。2019年11月，普陀区检察院支持区福利院提起撤销路某某、袁某监护资格之诉，法院采纳检察机关意见并指定上海市儿童福利院为“小红豆”的监护人。2020年1月，普陀区检察院分别支持上海市儿童医院、普陀区福利院向路某某、袁某提起追索因监护侵害行为产生的医药费、抚养费民事诉讼。经调解，路某某、袁某与上述单位达成调解协议。

二、履职情况

（一）构建保护链条，精准打击监护侵害犯罪。普陀区检察院立足辖区儿童救助保护资源相对集中的优势，与区民政局、区卫健委以及儿童医院等单位建立了困境儿童信息互通和协同处置工作机制。依托该工作机制，儿童医院在积极救治照护“小红豆”的同时，将相关情况告知检察机关。检察机关获知线索后，一方面，启动立案监督程序，会同公安机关对失职监护人刑事追责；另一方面，协同民政部门落实临时监护措施。民政部门专案专办，将“小红豆”安置在区福利院，单独开辟儿童房，配备儿童床铺、洗漱、玩具等物品，并组成以全国劳模为负责人的专业看护团队全天候照料。

（二）撤销监护资格，推动落实监护责任。检察机关办理监护侵害类案件，既要依法严惩犯罪行为，更要妥善解决未成年被害人的监护问题。本案中，“小红豆”父母已符合撤销监护资格的法定情形，为确定其他近亲属是否可以担任监护人，检察机关委托青少年事务社工开展监护资格调查及第三方评估工作，发现“小红豆”的近亲属均不具备监护能力，亦无监护意愿。在没有其他适格监护人的情况下，检察机关支持普陀区福利院向法院提起撤销监护人资格诉讼，法院指定上海市儿童福利院作为监护人。接受指定后，上海市儿童福利院积极履行监护责任，为“小红豆”落实了户籍并启动领养程序。

（三）深化支持起诉，刑民衔接夯实司法保护。民法典及未成年人保护法规定，未成年人的父母被撤销监护权后不免除抚养义务。为督促失格监护人继续履行法定义务，维护“幼有所育”的善良风气，经与检察机关多次沟通，上海市儿童医院和普陀区福利院决定通过民事诉讼向路某某、袁某追索长期拖欠的医疗费和临时监护期间的抚养费，并申请检察机关支持起诉。根据区检察院与法院共同建立的未成年人案件刑民一体化办案机制，即由同一部门、同一检察官、同一法庭、同一法官办理监护侵害刑事案件以及由此衍生的民事案件，法院指定未成年人综合审判庭和原法官承办案件。检察机关决定支持起诉后，积极协助原告单位确定起诉理由、收集固定证据、合理计算追索费用，并出庭发表支持起诉意见，最终促成双方调解，在惩戒失职父母的同时，为原告单位挽回经济损失。

三、典型意义

未成年人保护法构建了以家庭监护为主，以监护支持、监督和干预为保障，以国家监护为兜底的未成年人监护制度体系。检察机关办理监护侵害案件，应当充分发挥未成年人检察业务统一集中办理优势，主动加强与公安、法院、民政等职能部门的协作，推动构建司法办案、保护救助一体化协同机制，通过刑事追责、民事支持起诉等方式，履行对家庭监护的监督、干预职责，推动实现国家监护的落地落实。

案（事）例三

探索“督促监护令”工作机制
多部门联动　合力落实监护责任

一、基本案情

2019 年 3 月 19 日晚，黄某甲（另案处理）因琐事与黄某乙（另案处理）等人发生纠纷，黄某甲纠集林某、王某（二人均 16 周岁，职校在校生）等人与对方斗殴。其间，黄某甲持钢管，林某、王某二人徒手共同殴打对方，造成黄某乙轻伤二级。同年 4 月 10 日，林某、王某被公安机关抓获。二人到案后均如实供述，王某还协助抓获同案人黄某甲。林某、王某等人共同赔偿被害人人民币 15 万元，均取得被害人谅解。2020 年 4 月 2 日，公安机关将本案移送审查起诉。6 月 23 日，检察机关对林某、王某作出附条件不起诉决定，12 月 23 日作出不起诉决定。

二、履职情况

（一）开展社会调查，作出附条件不起诉决定。案件受理后，福建省福州市仓山区检察院通过社会调查发现林某系父母监护，但亲子沟通不畅，家长怠于管教；王某父母离异，由母亲监护，但母亲长期在外经商，亲子交流障碍。二人系初犯、偶犯，受不良朋辈影响较大，亲子关系疏远，家庭监护不当，行为偏差未得以纠正，最终走上违法犯罪道路。仓山区检察院审查认为，林某、王某的行为构成聚众斗殴罪，但二人系从犯，无前科，有悔罪表现，已取得被害人谅解，且为未成年在校生，符合附条件不起诉条件，遂对二人作出附条件不起诉决定，考验期六个月。

（二）针对监护不当，发出个性化“督促监护令”。仓山区检察院针对本案中发现的监护人存在管教不当、监护缺位等问题，充分开展社会调查，评估确认家庭监护不力与涉案未成年人问题的关联后，在宣告附条件不起诉决定的同时，就林某、王某的父母监护不当问题发出“督促监护令”，提出针对性的家庭教育指导方案等监护措施，督促监护人履行监护职责。针对林某的父母偏向消极干预的监护方式，重点督促其提升沟通技巧。针对王某的母亲偏向激进处置的监护方式，重点督促其缓解紧张家庭关系，畅通交流模式，打开母子心结。检察院还主动联系王某的父亲，告知其对王某的教育仍负有一定责任，要求其定期与孩子联系沟通。同时，仓山区检察院将“督促监护令”的内容细化至每周安排家务劳动、共同参加体育运动、逐步限制上网时间等日常生活中，确保“督促监护令”的针对性和可操作性。

（三）加强沟通协作，联动多部门督促监护。“督促监护令”发出后，针对林某、王某家庭监护不当的具体情况，仓山区检察院联合关工委、团委、妇联、公安等职能部门成立监护考察组，为监护人开展心理辅导和家庭教育指导等，共同督促监护人履行监护责任。区关工委指派经验丰富的心理辅导老师，对家长开展“一对一”心理辅导，缓解家庭因孩子涉罪后产生的心理压力。区妇联指派专业家庭教育指导师团队，通过访谈、家长课堂、团体辅导活动等形式对林某、王某父母开展亲子关系沟通、家庭环境塑造、子女教育方式等方面的家庭教育指导，引导家长树立正确的教育观念，修复亲子关系，加强家庭管教。仓山区检察院联合区公安局对林某、王某父母开展谈话和法治教育的同时，每月以电话回访、微信交谈、入户家访、社区走访等形式持续跟踪、考察、评估监护人监护改善情况，了解两名未成年人生活近况，进行思想引导、法治教育和社会关系调适，并定期开展会商研判，保证二人获得有效家庭支持，重新融入社会。经过监护考察，二人家庭关系得到改善，监护人能够积极履行监护职责，督促孩子遵守相关法律规定，帮助孩子积极面对生活。

（四）凸显帮教成效，作出不起诉决定。监护考察组在联动开展督促监护的同时，制定帮教工作方案，对林某、王某二人同步开展针对性帮教，并进行全程监督考察，分阶段评估帮教成效，动态调整教育方案和考察措施。考验期满，林某、王某端正了学习态度，改变了之前逃学旷课、睡觉、上网吧等不良习惯，成绩大幅度提升，林某还被学校列为全市职业技能竞赛培育选手。二人顺利回归家庭、学校和社会。仓山区检察院遂对林某、王某作出不起诉决定。

三、典型意义

未成年人保护法、预防未成年人犯罪法均要求未成年人的父母应当依法承担并履行好监护职责。检察机关贯彻落实相关法律规定，立足案件办理，履行检察职责，针对监护人存在管教不当、监护缺位等问题，探索“督促监护令”工作机制，积极联合相关职能部门，有效整合司法社工、心理辅导老师、家庭教育指导师等专业力量共同督促监护人落实监护职责、配合做好教育转化工作，有力促进涉罪未成年人行为矫正及顺利回归家庭、社会，努力实现预防和减少青少年再犯罪。

案（事）例四

联合群团组织挽救迷途少年

一、基本案情

李某某（犯罪时 17 周岁）和张某某（犯罪时 17 周岁）系同学，二人相约在国庆假期外出旅游。因李某某的父母不同意支付其旅行费用，李某某遂与张某某提议盗窃电动车，出卖后用作李某某的旅游费用。2020 年 9 月 22 日凌晨，李某某、张某某在某商务大楼下盗窃价值人民币 3531 元电动车一辆。张某某将盗窃的电动车放在网上售卖，失主发现后佯装交易，将二人抓获并扭送至公安机关。案发后，被盗电动车辆发还失主。2021 年 2 月 5 日，内蒙古自治区呼和浩特市新城区人民检察院对李某某、张某某作出相对不起诉处理。

二、履职情况

（一）保障特殊制度落实，构建社会支持体系。2017 年呼和浩特检察机关与团委共同设立青禾青少年服务中心，通过大量社会调查、合适成年人到场、观护帮教、落实就学就业安置等工作，逐步总结呼和浩特地区司法社工服务经验，为案件办理提供多方支持，后被确定为全国未成年人检察社会支持体系首批试点单位。在此基础上，内蒙古自治区出台全国首个省级《关于进一步加强未成年人检察工作的决定》，检察机关联合教育、民政、团委、妇联等 11 个部门建立联席会议制度。同时，呼和浩特检察机关通过自主研发“卓兰·未检”社会支持体系云平台，收集问题线索，共同解决辖区内人民群众在未成年人保护领域的痛点和难点，实现对未成年人全方位综合保护。

（二）积极化解社会矛盾，依法作出相对不起诉。李某某、张某某二人到案后，认罪悔罪、积极退赃、赔礼道歉，取得被害人谅解。为妥善办理案件，检察机关依托“青禾青少年服务中心”对二人开展社会调查，了解到李某某家境普通，重视朋辈友谊，好面子，母亲较为强势；张某某家境宽裕，学习成绩较好，父母宠溺；二人系在校学生、日常学习生活较为规律、基本能够服从学校管理，父母均具有监护能力和意愿，案发后认识到错误，并感到愧疚。结合案件事实和犯罪情节，按照最有利于未成年人的原则，检察机关决定对李某某、张某某相对不起诉，并举行不公开听证会，二人当场道歉，各方同意检察机关处理意见。2021 年 1 月，检察机关举行不起诉宣告暨训诫仪式。

（三）多举措教育、感化、挽救，预防重新犯罪。为进一步改善李某某、张某某的不良行为习惯，检察机关在征得李某某、张某某二人及其法定代理人同意后，决定联合团委、妇联依托“青禾青少年服务中心”对二人进行为期三个月的不起诉帮教。一是针对李某某与父母沟通不足的情况，组织其参加关爱孤寡老人、探访留守儿童等公益活动，丰富对社会的了解，以便理解父母；针对张某某自控能力较差，为其安排心理辅导课程，帮助其学会自我控制和情绪管理；二是通过观看法治视频、参加法治讲座等多种方式，对二人进行普法教育；三是委托心理咨询专家对李某某、张某某进行心理疏导，并对双方家长开展了定向家庭教育指导。经过三个月的不起诉帮教，目前二人表现良好，李某某和母亲的关系明显改善，张某某摒弃了不良生活习惯；二人学习态度积极，正在全力复习备战高考。

三、典型意义

未成年人保护法规定，国家鼓励和支持社会组织、社会工作者参与涉及未成年人案件中未成年人的心理干预、法律援助、社会调查、社会观护、教育矫治、社区矫正等工作。本案中，检察机关借助社会力量开展社会调查，在听取各方意见的基础上，依法作出相对不起诉决定，同时多方联动对涉罪未成年人开展不起诉帮教，预防未成年犯罪嫌疑人再次犯罪。团委、妇联等群团组织积极贯彻“两法”精神，与检察机关共同做好未成年人保护工作，推动构建六位一体的未成年人保护工作体系，维护未成年人合法权益。

案（事）例五

与专门学校合作帮教矫治　为涉罪未成年人点亮归途

一、基本案情

2020 年 1 月 11 日 3 时许，黄某某（犯罪时 16 周岁）为了获取上网费用，伙同韦某某（未满 14 周岁）到广西壮族自治区柳州市柳南区某小区楼下，盗走一辆价值人民币 1870 元的电动车。失主次日报案，公安机关通过监控录像锁定嫌疑人，并在某宾馆内将黄某某及其同伙抓获，后黄某某带领侦查人员到藏赃地点找回被盗车辆。案发后，黄某某表示认罪认罚。公安机关将本案移送检察机关审查起诉，柳州市柳北区人民检察院经审查于 2020 年 5 月对黄某某作出附条件不起诉决定，6 个月考验期届满后，柳北区检察院于 2020 年 11 月依法对黄某某作出不起诉决定。

二、履职情况

（一）开展社会调查，依法适用附条件不起诉。案件移送审查起诉后，针对新冠肺炎疫情防控期间公安机关未能及时开展社会调查的情况，柳北区检察院主动开展详细的社会调查。经调查发现，黄某某自幼父母离异，父亲因身患重疾对其疏于管教，亲子关系一般；黄某某因无心读书、多次旷课，小学肄业，长期与社会青年混迹，曾因盗窃受过行政处罚。本案中，黄某某犯罪情节轻微，悔罪态度好，依法可附条件不起诉，为使黄某某回归正途，柳北区检察院依法作出附条件不起诉决定，并对其开展帮教考察。

（二）加强部门联动，迷途少年重返校园。对黄某某作出附条件不起诉决定后，针对其家庭管教无力、监管环境差，因长期辍学没有学籍、文化程度低，所在社区缺乏帮教条件等问题，柳北区检察院向柳州市检察院汇报，柳州市检察院第一时间与市教育局沟通，了解到柳州地区目前尚无公立专门学校，仅有柳州市某中学一所民办专门学校，且生源已满。柳州市检察院联合教育局、某中学、团委等部门召开联席会议，为黄某某协调衔接入学事宜，研究解决本案考察帮教中存在的疫情防控、学籍对接、学杂费保障、课程设置、心理辅导等系列问题。柳州市教育局为黄某某在某中学设置临时学籍纳入全市管理，柳北区委政法委为黄某某提供入学资金支持，最终让辍学多年的黄某某顺利入读某中学。

（三）持续跟踪帮教，个性化指导效果佳。在黄某某入读某中学期间，检察机关、专门学校、司法社工共同制定个性化帮教考察方案，开展教育矫治工作。某中学为黄某某“量身”开设小学初中相衔接的教育课程，安排其参加劳作实践和公益志愿者活动，对黄某某实施军事化管理，在提高其文化水平的同时，增强团队合作精神和社会责任感。一方面，检察官与司法社工定时至学校探访，和黄某某当面交流，提出针对性的改进措施和要求，同时引入专业心理咨询师对其心理辅导；另一方面，对黄某某的法定代理人进行家庭教育指导，督促家长加强责任意识，提高履行监护的能力，不断修复亲子关系。经过半年的教育矫治，黄某某在校表现良好，不仅积极参加柳州市检察院、团市委开展的模拟法庭和公益活动，还成为某中学的“护卫队”成员，有效矫正了黄某某的不良行为，激发其自身向上潜能。黄某某从某中学“毕业”后，检察官和司法社工为他联系了一份餐饮店服务员的工作，使其尽快融入和回归社会。

（四）探索建立机制，专门学校矫治经验推广。柳州市检察院梳理总结附条件不起诉适用、检察机关与专门学校衔接等方面工作，向市委政法委汇报。柳州市委政法委牵头成立公检法和教育部门组成的专门课题组，于2020年8月形成了《“问题”青少年的教育矫治研究——以柳州市某中学为实例的课题研究报告》，提出加强全市专门教育和专门学校建设的意见建议，获得当地党委、政府采纳。柳州市召开专门学校建设工作会议，成立以市委副书记担任主任，政法委、法院、检察院、公安、司法、教育、民政等15个部门为成员单位的专门教育指导委员会，部署和研究加强专门学校建设。柳州市教育局牵头制定《柳州市专门教育指导委员会工作制度》《专门学校招生及入学程序实施细则》等文件，进一步规范司法机关与专门学校衔接工作机制。目前，新增的公办专门学校即将建设完成投入使用。

三、典型意义

预防未成年人犯罪法规定，国家加强专门学校建设，对有严重不良行为的未成年人进行专门教育。本案中，检察机关加强与教育部门、专门学校合作考察帮教，建立司法机关与专门学校衔接工作机制。同时，检察机关进一步推动与教育部门的协助合作，促进专门学校建设，共同对未达刑事责任年龄涉罪未成年人、有严重不良行为的未成年人进行专门教育，不断提升教育矫治效果，努力解决涉罪未成年人“一判了之”和“一放了之”的现实困境。

案（事）例六

未履行强制报告义务　学校负责人被依法追责

一、基本案情

杨某某、糜某某原系湖南某小学教师。2001 年至 2020 年 4 月，杨某某在湖南省泸溪县两所小学任教期间，利用其与被害人系亲戚、师生等特定关系，采用欺骗、利诱、强迫等手段，先后强奸 9 名未成年女性，其中 8 人系未满 14 周岁幼女，并伙同糜某某轮奸 1 名年仅 12 周岁的女学生。同时，被告人杨某某、糜某某还利用老师身份，趁教育、管理学生之机，在教室、办公室等场所猥亵多名未成年女学生。2017 年，有学生家长向该校校长包某某、副校长印某某反映杨、糜二人猥亵儿童行为。二人在收到线索举报后未调查核实，也未向公安机关报案。此后，杨某某、糜某某继续作案。2020 年 5 月 16 日，被害人黄某甲、黄某乙到泸溪县公安局报案称多次遭到杨某某强奸、猥亵。公安机关立案侦查后发现了杨某某、糜某某二人的其他犯罪事实。2020 年 8 月 11 日，杨某某、糜某某因犯强奸罪、猥亵儿童罪分别被判处死刑、有期徒刑十七年。该校负责人包某某、印某某均因渎职犯罪被追究刑事责任。

二、履职情况

（一）紧盯瞒报问题，严厉追究责任。针对学校负责人对学生家长反映性侵害未成年人犯罪线索置之不理，致使两名教师继续多次作案，造成严重危害后果和恶劣社会影响的问题，泸溪县检察院及时将相关线索移交纪检监察部门，并安排精干力量提前介入相关调查，在公安、检察、监察机关的通力合作、密切配合下，依法追究了学校负责人的刑事责任。同时，纪委监委启动追责问责，按规定免去了县教体局分管校园安全的副局长职务。

（二）建立长效机制，确保制度落地落实。案件发生后，泸溪县检察院向县教体局制发检察建议，要求深化“一号检察建议”贯彻落实，并督促教育局整章建制，堵塞漏洞。在检察机关的积极推动下，泸溪县出台了《关于建立防范和处置性侵害校园未成年人制度的意见》，将工作落实情况纳入综治平安建设考核，建立《侵害未成年人案件强制报告制度联席会议以及工作协商机制》，明确各部门强制报告义务与责任，督促相关部门、组织和人员发现侵害未成年人案件线索及时向公安机关报案举报，并向有关部门报告。

（三）部门联动共管，推动校园安全建设。自2020年7月开始，泸溪县开展了师德师风大整顿活动。泸溪县检察院联合县纪委监委、法院、公安局、司法局、教体局、妇联等部门制发《泸溪县未成年人安全教育管理实施意见》。泸溪县政法委、检察院、妇联等八个单位印发了“守护花蕾关爱儿童”女童权益保护宣讲三年行动工作方案。形成了部门齐抓共管，合力推动校园安全建设的格局。

三、典型意义

未成年人保护法规定了侵害未成年人案件的强制报告制度，并明确了相关单位和人员违反强制报告义务的责任，对刑事诉讼法、反家庭暴力法的相关规定作出了进一步的明确和强调。本案是一起学校负责人因未履行强制报告义务而被追究刑事责任的典型案例。检察机关在办理侵害未成年人案件中主动担当作为，对于存在明知未成年人疑似受到侵害的相关线索瞒报、不报的相关人员，依法追究相应责任。并以案为戒，推动当地建章立制，堵塞漏洞，促进部门间沟通配合，形成校园安全防控长效机制和未成年人保护合力，有力促进了“一号检察建议”的落实和未成年人保护法律法规的贯彻。

案（事）例七

联动职能部门　共同把好入职查询关

一、基本案情

蒋某云，女，1991 年 2 月 5 日生，江苏溧阳人。2010 年 9 月，蒋某云因强迫卖淫罪被溧阳市人民法院判处有期徒刑五年，并处罚金人民币 6000 元。刑满释放后，2019 年 9 月，蒋某云应聘成为溧阳市某幼儿园的临聘老师。2020 年 12 月，溧阳市检察院、教育局、公安局在联合开展入职查询专项活动中，发现蒋某云的上述前科，教育主管部门立即责令学校对其进行处理。学校对蒋某云予以解聘。

二、履职情况

为有效预防利用职业便利实施侵害未成年人行为，2020 年 6 月 10 日，江苏省溧阳市检察院与溧阳市教育局、溧阳市公安局、溧阳市市场监督管理局等六部门联合出台《关于性侵害未成年人违法犯罪信息入职查询的实施办法》，对密切接触未成年人的行业、对象和行为作出全方位的入职查询规定。查询人员范围拓展到保安、门卫、保洁员等虽不负有特殊职责，但具有密切接触未成年人工作便利的其他工作岗位人员，查询行为既包括强奸、猥亵等直接性侵违法犯罪行为，也包括相关的组织卖淫、强迫卖淫、引诱幼女卖淫等违法犯罪行为。溧阳市教育局主动向溧阳市检察院申请对全市 9286 名教职工，包括各公办、民办学校、中小学、幼儿园的在编人员和临聘人员进行防范性侵害未成年人犯罪入职查询。检察机关联合公安机关通过排查，共筛查出 16 名人员有刑事犯罪、行政处罚记录，全部按照有关规定进行了妥善处理。该临聘教师蒋某云，曾有强迫卖淫的涉性侵害违法犯罪记录，溧阳市检察院立即向溧阳市教育局发出查询结果通知书，并督促溧阳市教育局按照职业禁入规定和入职查询实施办法作出处理。溧阳市教育局收到查询通知书后，立即责令学校作出对该临聘教师的处理意见。针对大量校外培训机构处于监管空白的情况，溧阳市检察院联合市场监督管理局、公安局，进一步将该行动拓展到校外培训机构850名人员，查询人员包括校外培训机构的教练、老师、保洁、前台等，查询内容不仅包括刑事犯罪行为，还包括了行政违法行为。溧阳市检察院针对以上情况，已将20余件线索移送溧阳市市场监督管理局，市场监督管理局已严格按照入职查询有关规定予以处理。

三、典型意义

未成年人保护法规定了密切接触未成年人行业的入职查询制度。检察机关立足检察职能，发挥“一号检察建议”牵引作用，以最有利于未成年人原则为指导，开展入职查询工作，加强与各职能部门通力协作、依法履职。教育、市场监督管理等部门积极主动开展清查，落实入职查询制度，共同助力形成未成年人保护大格局。

案（事）例八

多方联动　依法履职　净化整治校园周边环境

一、基本案情

2019年6月以来，广东省五华县中小学校周边小商店出现了带有赌博性质的各种消费型游戏。个别商铺、文具店引诱学生参与刮刮乐、砸金蛋、集字卡、现金红包等涉嫌赌博性质的活动，或以零食、玩具、动漫卡等为奖品违规促销商品。许多学生沉迷其中，严重影响了正常学习、生活，甚至有部分学生为了参与这种赌博活动，盗窃家长钱财，走上歧途。

二、履职情况

（一）调查核实，与相关行政机关磋商进行专项整治。2019 年 6 月初，广东省五华县检察院在办案中接群众举报线索，县城中小学校周边商店出现了有严重危害未成年人身心健康的赌博游戏。经派员前往涉事校园周边明察暗访，发现该现象已存在较长时间，严重影响到学生正常学习和生活。该院第一时间将该线索移送给具有整治校园周边秩序职责的五华县文化广电旅游体育局、五华县市场监督管理局及五华县教育局等行政机关，并及时磋商，建议对涉事校园周边商店出现赌博游戏的现象开展专项整治，维护未成年人的身心健康。并在此后与上述行政机关以联合执法的方式进行了整治。

（二）跟踪监督，果断立案发出诉前检察建议实施刚性督促。2019 年 7 月初，五华县检察院再次调查发现，上述行政机关在联合执法后没有再对其他学校周边涉及赌博游戏的违法经营情况进行整治，赌博游戏没有彻底得到整治，行政机关存在怠于履职的情形。为切实维护未成年人合法权益，五华县检察院对文化广电旅游体育局、市场监督管理局及教育局发出公益诉讼诉前检察建议，督促五华县文化广电旅游体育局依法查处校园周边店铺违法经营的“私彩”、促销等行为，督促市场监督管理局加大校园周边文化市场的监管力度，督促县教育局加强对学校安全工作的专项督导，预防危害未成年人合法权益的违法犯罪行为。

（三）引起重视，形成未成年人专项保护大格局。收到检察建议后，以上行政机关高度重视，均按要求对学校周边进行了清理整顿等针对性的整改。一是开展联合执法。根据整治方案，五华县市场监督管理局、文化广电旅游体育局及教育局各自制定了行动方案，明确工作任务，细化工作措施，与五华县公安局等机关联合开展校园及周边市场环境集中整治行动；二是开展全覆盖集中整治。针对校园周边市场的经营特点成立7个专门的检查组，分成17个行动小组，对全县校园及周边市场环境实行全覆盖整治；三是开展监督抽检。重点检查商铺是否持证经营、是否有针对未成年人的涉赌博性质经营活动、是否销售有危害未成年人健康成长的“三无产品”。据统计，此次全覆盖集中整治行动共出动执法人员691人次，执法车辆152辆次，检查商户623户，发出监督检查意见书141份，责令整改通知书110份，立案14宗。8月30日，9月10日、17日，上述机关对检察建议进行了书面回复。

检察建议也引起了五华县政府的重视，县政府专门形成了《2019年五华县开展校园及周边环境集中整治工作实施方案》，就五华全县开展校园及周边环境治理提出了具体的整治意见，明确了相关单位的职责和整治要求。该文件发至全县16个乡镇，要求各乡镇迅速行动，针对检察建议一一落实整改，形成了全县辐射效应。经治理，全县所有学校周边已杜绝涉赌博性质的经营活动。

三、典型意义

未成年人保护法第一百零六条明确规定，未成年人合法权益受到侵犯，涉及公共利益的，人民检察院有权提起公益诉讼。检察机关针对校园周边环境整治不力的情况，以公益诉讼方式督促行政部门依法充分履职，实现了以点带面、全局联动的辐射效应，既充分发挥了检察监督职能，又极大地促进了行政机关和检察机关的良性合作，进一步推动了未成年人保护大格局的优化构建。

案（事）例九

组建社会普法联盟　持续播撒法治种子

一、基本情况

2012 年，重庆市检察院在全市 45 个院统一设立“莎姐”青少年维权岗，探索建立“莎姐”志愿普法机制，组建、培育四支普法队伍，打造“莎姐”未成年人普法保护联盟。一是检察官普法团队。2020 年，全市 398 名检察官分别担任 419 所学校法治副校长，校园普法每年 770 余场；二是普法志愿者队伍。联合团委、妇联及各企业、团体等单位组建志愿普法团队。面向社会招募 1531 名“莎姐”志愿者，配合检察官开展普法；三是法治老师队伍。吸纳 241 名中小学教师成为“莎姐”专兼职法治教师；四是司法社工普法队伍。吸纳 100 多名司法社工加入普法团队。四支队伍联动履职，各机关互相配合，持续八年开展普法工作。

二、履职情况

在检察机关的牵头推动下，各联盟单位积极履行普法职责，切实提升青少年法治意识。重庆团市委主动联合市检察院在 128 所市民学校设立“莎姐”法治副校长，组建各地青年志愿者队伍，面向社区的青少年群体和家长普法。重庆市教委建立教师法治教育实践基地，将法治教育纳入全市教师年度培训计划，邀请检察官为中小学特别是偏远山区学校培训法治教师，吸纳 241 名中小学教师成为“莎姐”专兼职法治教师。如渝北区某乡镇小学的一位教师接受检察机关“预防性侵害”法治教育培训后，在向学生讲授法治课时，一名女学生主动反映自己被邻居性侵，该教师立即报案。后该犯罪嫌疑人被判处有期徒刑八年。重庆市妇联组建“莎姐”讲师团，开展“守护花季——‘莎姐’讲师团法治巡讲活动”。41名乡镇街道妇联主席成为“莎姐”联络员，协助检察机关设立的留守儿童“莎姐”普法工作站开展普法预防。重庆图书馆、重庆科技馆等单位举办假期“莎姐”大讲堂，邀请检察官普法。100多名司法社工发挥其能够近距离接触未成年人及其家庭的优势，针对失足青少年开展“入户普法”活动。15所职业学校的学生主动成为法治宣讲员，开展学生自治，解决聚众斗殴、校园欺凌事件30余起。“莎姐”志愿者、心理咨询师与检察官一起组成41个法治驿站，深入100个乡村向留守儿童开展防性侵、防欺凌、防诈骗法治教育。

2018年以来，各普法团队共开展“莎姐”进校园1600多场，覆盖学校1950所，受教育师生40余万人。普法进社区176场，覆盖社区186个，受众3.7万人。持续8年的普法教育取得明显成效，仅2019年就有5起案件是在“莎姐”普法后，学生主动举报的。重庆未成年人犯罪案件受理审查数持续七年下降。

三、典型意义

未成年人保护法规定，国家、社会、学校和家庭应当对未成年人进行法治教育。青少年法治意识的提升非一朝一夕之功，是一项系统工程，需要持续进行。检察机关联动社会力量，发挥各自优势开展立体普法，既体现了各单位领悟、践行习近平法治思想，坚持法治教育从娃娃抓起的担当作为，又解决普法覆盖面不广，力量单薄、城乡需求不平衡、普法缺乏系统规划等问题，让普法不留死角，生动鲜活而又有有针对性和时代性。

案（事）例十

凝聚各方力量　加强和规范派设法治副校长

一、基本情况

河南检察机关深入推进检察官担任法治副校长工作。全省包括184名检察长、496名副检察长或院领导以及相关业务骨干在内的3015名检察官，分别在2306所小学、1746所中学、589所职业学校担任法治副校长，重点为农村偏远山区、案件高发地等提供法治服务。法治副校长积极履职，联合省教育厅、关工委创制、审定未成年人犯罪预防和自护教育精品法治课件，纳入全省中小学日常教学计划，充实学校德育教学内容。

二、履职情况

为科学分配包括检察机关在内的各相关政法机关普法力量，做到既主动落实“谁执法谁普法”责任，又避免影响学校正常教学秩序，河南省检察院和省教育厅于2019年9月联合制定了《关于进一步加强和规范检察机关派设“法治副校长”工作的意见》，对检察机关派设法治副校长的条件、职责、配备、聘任、解聘以及考核、奖励等作出规定，强调按照学校所在地政法委和综治委的工作要求，以及各类学校的现实需要提供法治服务。全省共清理因岗位调整、履职不力等不宜续聘的“墙上”“挂名”法治副校长61名。在省司法厅统筹下，向农村偏远山区、城乡接合部、案件高发地等法治需求更为迫切的区域学校增派或转派1921名新任法治副校长，其中受聘农村偏远山区学校达63.7%，改善“城乡不均”问题。此项工作被依法治省工作领导小组和省普法办评为重点项目。省教育厅 2020 年 9 月下发通知，主动加强检教合作，提升德育实效，由法治副校长配合校方制订法治教育计划，做到计划、内容、课时、师资“四落实”。先后有 127 个县区检察院派设的法治副校长配合德育教师，在辖区中小学推行“双月法治课”，适时结合治安形势变化和学校实际，完成年度 8 个课时以上以案释法宣讲。2020 年 3 月，河南省委政法委部署“校园及周边安全建设年”专项行动，全省检察机关联合公安、教育等部门，分赴 3619 所农村、山区校园明察暗访，协助学校加强内部安全防范工作，了解掌握学校周边地区治安动向，共在全省平安校园、文明校园创建活动提出工作建议 487 项，敦促整改 460 余项。省检察院与省教育厅制定“依法治校”师资培训计划，省检察院带头先后为 2700 余名基层教育局局长作专题报告，各级检察院举行讲座 74 场次，通过法治副校长发放宣传资料和调查问卷近约万余册，海报入校 1600 余所。省检察院认真总结办理的校园性侵、欺凌、诈骗等各类涉未案件，从中梳理案发规律和深刻教训，着力创制法治进校园标准化课件库。省教育厅印发《关于运用和创制“中小学（幼儿园）法治教育优质课件”工作的通知》，将会同省检察院联合创制的 23 个检察官说法类、情景再现类、微电影微视频类精品课件，在省基础教育公共服务平台发布，纳入全省中小学（幼儿园）德育教育计划。

三、典型意义

未成年人保护法规定，公安机关、人民检察院、人民法院和司法行政部门应当结合实际，根据涉及未成年人案件的特点，开展未成年人法治宣传教育工作。河南检察机关以推进“两法”修订实施为契机，深化与相关主体责任部门的配合协作，凝聚各方力量，有效发挥和体现了法治副校长在推进未成年人“六大保护”中的作用和价值。

最高人民检察院　教育部

关于印发在校学生涉“两卡”犯罪典型案例的通知

（2021年6月17日）

各省、自治区、直辖市人民检察院、教育厅（教委），新疆生产建设兵团人民检察院、教育局，部属各高等学校，部省合建各高等学校：

近年来，电信网络诈骗犯罪屡禁不止，特别是不少在校学生被蛊惑利用向不法人员提供个人手机卡、银行卡（以下简称“两卡”），成为电信网络诈骗犯罪活动的“工具人”，严重影响人民群众安全感。党中央高度重视依法严惩电信网络诈骗犯罪工作，习近平总书记多次作出重要指示。各地检察机关与教育部门加强协作配合，坚持教育、挽救、惩戒、警示相结合，贯彻落实宽严相济刑事政策，依法妥善处理在校学生涉电信网络诈骗及“两卡”犯罪问题，取得积极效果。为进一步全面贯彻习近平法治思想，认真落实习近平总书记重要指示精神，深刻揭示犯罪危害，加强警示教育，努力为在校学生营造更加良好的成长成才环境，最高人民检察院、教育部联合编写了5个在校学生涉“两卡”犯罪典型案例。现印发你们，供工作中参考借鉴。同时，就抓好典型案例的学习、运用，提出如下工作要求。

一是坚持惩治和教育挽救相结合，依法妥善处理在校学生涉“两卡”犯罪问题。对于涉“两卡”犯罪的在校学生，要坚持以教育、挽救、惩戒、警示为主，根据其犯罪情节、认罪认罚、退赃退赔、一贯表现等情况，认真落实“少捕慎诉慎押”理念，给予其悔过自新的机会。各级检察机关和教育部门要加强信息沟通和工作配合，对非法买卖“两卡”的学生，加强批评教育和监督管理，促使其深刻认识错误、悔过自新。

二是坚持预防为先，加强以案释法，深入开展校园法治宣传和思想教育。各级检察机关和教育部门要把反电信网络诈骗和防止成为办卡“工具人”作为当前校园法治教育的重要内容，通过法治进校园、检察长担任法治副校长等途径，结合典型案例，联合开展法治宣传。要结合案件所反映的学生奋斗观、价值观、消费观偏离、扭曲等问题，持续加强学生思想政治教育，引导学生形成积极、健康、向上的生活态度和价值追求。

三是坚持齐抓共管综合治理，共同督促学校加强日常管理。各地检察机关和教育部门要加强沟通协作，结合发案情况，深入开展对校园周边、校园内非法组织收购“两卡”情况的综合治理。要重视在就业指导中加强法治教育，及时揭露就业兼职“陷阱”和违法就业平台，引导学生增强辨别能力和防范意识。对于办案中发现的学校日常教育管理的漏洞，要及时督促整改提升，共同筑牢防范电信网络诈骗的校园防线。

在校学生涉“两卡”犯罪典型案例

（2021 年 6 月 23 日）

案例 1　涂某通、万某玲帮助信息网络犯罪活动案

一、基本案情

涂某通，1998 年 8 月出生，系某大学在校学生。

万某玲，1998 年 9 月出生，作案时系某职业技术学校在校学生，案发时系某医院员工。

2018 年起，涂某通明知他人利用信息网络实施犯罪，为牟取非法利益，长期收购银行卡提供给他人使用。2018 年，涂某通与万某玲通过兼职认识后，涂某通先后收购了万某玲的 3 套银行卡（含银行卡、U 盾/K 宝、身份证照片、手机卡），并让万某玲帮助其收购银行卡。2019 年 3 月至 2020 年 1 月，万某玲为牟利，在明知银行卡被用于信息网络犯罪的情况下，以亲属开淘宝店需要用卡等理由，从 4 名同学处收购 8 套新注册的银行卡提供给涂某通，涂某通将银行卡出售给他人，被用于实施电信网络诈骗等违法犯罪活动。经查，共有 21 名电信网络诈骗被害人向万某玲出售的上述银行卡内转入人民币 207 万余元。

二、诉讼过程

2020年11月3日，四川省江油市公安局以涂某通、万某玲涉嫌帮助信息网络犯罪活动罪移送起诉。同年12月3日，江油市人民检察院以帮助信息网络犯罪活动罪对涂某通、万某玲提起公诉。鉴于万某玲犯罪时系在校大学生，因找兼职误入歧途而收购、贩卖银行卡，主动认罪认罚，江油市人民检察院对其提出从轻处罚的量刑建议。涂某通在审查起诉阶段不认罪，也不供述银行卡销售去向、获利数额等情况。2020年12月31日，江油市人民法院作出一审判决，以帮助信息网络犯罪活动罪判处涂某通有期徒刑一年四个月，并处罚金人民币1万元；判处万某玲有期徒刑十个月，并处罚金人民币5000元。涂某通、万某玲未上诉，判决已生效。

三、教育治理

针对在校大学生违法收购、贩卖银行卡被用于网络犯罪的情况，江油市人民检察院会同学校所在地检察院，向涉案学生所在高校制发检察建议，提示在校学生涉“两卡”违法犯罪风险。相关学校积极开展法治宣传，通过以案释法，加强对全校学生的教育引导。江油市人民检察院还会同本辖区内学校开展“断卡”宣传进校园活动，将包括本案在内的多个真实案例纳入宣讲；制作“断卡”普法小漫画进行推送宣传，着力提高在校学生学法懂法、遵法守法的意识。

四、典型意义

从近年来的办案情况看，手机卡、银行卡（以下简称“两卡”）已经成为电信网络诈骗犯罪分子实施诈骗、转移赃款的重要工具。为依法严厉打击非法出租、出售“两卡”违法犯罪活动，2020年10月起，最高人民法院、最高人民检察院、公安部、工业和信息化部、中国人民银行等五部门联合部署开展“断卡”行动，以斩断电信网络诈骗违法犯罪的信息流和资金链。

工作中发现，部分在校学生由于社会阅历不足、法治观念淡薄，已成为非法买卖“两卡”的重要群体之一。在利益诱惑面前，有的学生迷失方向，一步步陷入违法犯罪的泥潭，从办卡、卖卡发展到组织收卡、贩卡，成为潜伏在校园中的“卡商”。本案被告人即是这样的“卡商”，他们不仅出售自己的银行卡，还在学校里招揽同学出售银行卡。这些银行卡经过层层周转，落入到诈骗人员等犯罪分子手中，用于流转非法资金，危害不容小觑。对于从“工具人”转变为“卡商”的在校学生，应当综合其犯罪事实、情节和认罪态度，依法追究刑事责任。

对于办案中发现的在校学生涉电信网络诈骗以及“两卡”犯罪风险点，检察机关和教育部门要加强以案释法，深入校园开展形式多样的法治宣传教育活动。特别是对于案件相对多发的学校，要共同研究加强教育管理的意见，提升在校学生的风险意识和防范能力，避免成为犯罪“工具人”。办案地和学校所在地检察机关要加强沟通衔接，及时通报情况，积极提供协助，共同推动做好社会治理工作。

案例2　郭某凯、刘某学、耿某雲帮助信息网络犯罪活动案

一、基本案情

郭某凯，1997 年 10 月出生，初中文化，无固定职业。

刘某学，1999 年 5 月出生，系某学院在校学生。

耿某雲，2000 年 6 月出生，高中文化，无固定职业。

2020 年 8 月，刘某学办理休学手续后到河北省石家庄市打工，在

网上看到收购手机卡的信息后，办理多张手机卡出售给郭某凯所在的贩卡团伙。后为尽快挣钱，刘某学主动加入该团伙成为“收卡人”。该团伙长期在北京、石家庄等地收购手机卡，贩卖给电信网络诈骗等违法犯罪团伙使用。经统计，郭某凯通过自己及其下线收购、贩卖手机卡3700张，获利人民币5.7万余元；刘某学收购、贩卖手机卡871张，获利人民币1.5万余元。

2020年8月23日，耿某雲在微信兼职群内看到郭某凯团伙发布的收购手机卡信息后，用自己身份证办理9张手机卡并按照郭某凯要求交给刘某学，由刘某学验卡、拍照后通过快递寄出，耿某雲获利人民币450元。其中一张手机卡被用于实施电信网络诈骗犯罪，导致河北省井陉县一名被害人被骗人民币35万余元。

二、诉讼过程

2020年10月9日和11月16日，河北省石家庄市井陉县公安局以郭某凯、刘某学、耿某雲涉嫌帮助信息网络犯罪活动罪提请批准逮捕。井陉县人民检察院经审查，决定批准逮捕郭某凯、刘某学，不批准逮捕耿某雲。2021年3月10日，井陉县公安局对耿某雲终止侦查，进行训诫。同年3月25日，河北省通信管理局对耿某雲作出惩戒决定，两年内停止新入网业务，各基础运营商只保留1个手机号码。

2020年12月15日，井陉县公安局以郭某凯、刘某学涉嫌帮助信息网络犯罪活动罪移送起诉。2021年1月12日，井陉县人民检察院以帮助信息网络犯罪活动罪对郭某凯、刘某学提起公诉。2021年3月16日，井陉县人民法院作出一审判决，以帮助信息网络犯罪活动罪判处郭某凯有期徒刑一年十个月，并处罚金人民币2万元；判处刘某学有期徒刑八个月，并处罚金人民币1万元。郭某凯、刘某学未上诉，判决已生效。

三、教育治理

井陉县人民检察院及时向刘某学所在学校制发检察建议，提示校方加强学生网络法治教育、严格日常管理，积极推动形成预防网络犯罪检校合力。校方高度重视，根据检察建议内容，立即下发通知，要求各系部、任课教师、辅导员强化对学生（包括因休学、实习等原因暂时不在学校的学生）的监督管理，及时了解、掌握学生动态；结合案例情况，完善思想政治、法律常识公共课程内容，有针对性地开展警示教育；积极对接当地司法机关，深入开展“法治进校园”活动，通过张贴海报、开展讲座、组织公开课等方式，推动法治教育走深走实。

四、典型意义

当前，手机卡是犯罪分子实施电信网络诈骗犯罪的重要工具。随着网络实名制要求的落实，办理银行卡、注册网络账号等基本都需要绑定实名制手机卡。司法实践中，犯罪分子为逃避打击，往往非法收购他人手机卡来实施电信网络诈骗，绕过实名制监管要求，成为网络黑灰产业链条上的重要一环。对于明知他人利用信息网络实施犯罪，仍然收购、贩卖他人手机卡的“卡头”“卡商”，构成犯罪的，要依法追究刑事责任。对于仅出售自己手机卡的，一般不作为犯罪处理，但需要同步进行信用惩戒，强化教育管理。

在深入推进“断卡”行动过程中，检察机关要会同相关部门综合运用好行政和刑事措施，加强行刑衔接，多管齐下，实现罚当其罪，发挥综合效应。对于涉案情节较轻不追究刑事责任的，检察机关要督促相关行政执法部门依法及时给予惩戒。既让违法者承担应有的法律责任，受到警示教育；也向社会传递依法从严惩治涉“两卡”违法犯罪、坚决遏制电信网络诈骗犯罪高发多发势头的立场，推动社会共治。

教育部门和大中专、高职院校，要加强对在校学生的关心、关怀、关爱。对于休学和因各种原因未在校学生，密切与家长、学生、实习单位的沟通，详细了解休学原因、生活近况、工作实习情况等，共同加强对学生的日常教育管理。

案例 3　吴某豪等 9 人掩饰、隐瞒犯罪所得案

一、基本案情

吴某豪等 9 人，2000 年至 2001 年出生，分别系某高校或中专在校学生。

侯某，1993 年出生，无固定职业。

杨某辉，1993 年出生，某网络公司员工。

2019 年 10 月至 12 月，侯某、杨某辉伙同他人，通过在朋友圈发布付费交友的虚假信息，引诱被害人扫描二维码付款，并利用事先植入的“百倍跳转”软件，将实际扣款金额扩增至百倍，以此方式实施诈骗。为便于接收、转移赃款，杨某辉以人民币 600 元至 1000 元不等的价格，收购他人成套银行卡资料（含身份证复印件、银行卡号、手机号），用于注册微信商户号，并生成收款二维码，供诈骗团伙使用。其中，吴某豪等 9 人向杨某辉各出售一套银行卡资料。被害人扫描侯某提供的二维码付款后，资金转入对应的微信商户号，并根据后台设置于次日凌晨自动转入该商户号绑定的吴某豪等人的银行账户内。

吴某豪等 9 人明知本人银行账户内转入资金系他人犯罪所得，仍按照杨某辉的要求通过手机银行转入指定账户，转移诈骗资金分别为人民币 2.45 万元至 29.16 万元不等。

二、诉讼过程

2020 年 3 月 19 日、6 月 30 日，浙江省绍兴市公安局上虞区分局分

别以侯某、杨某辉涉嫌诈骗罪，吴某豪等9人涉嫌掩饰、隐瞒犯罪所得罪移送起诉。同年8月3日，上虞区人民检察院以诈骗罪对侯某、杨某辉，以掩饰、隐瞒犯罪所得罪对吴某豪等9人提起公诉。2020年9月14日，上虞区人民法院作出一审判决，以诈骗罪判处侯某、杨某辉有期徒刑七年四个月和六年十个月，并处罚金人民币5万元和2万元；以掩饰、隐瞒犯罪所得罪分别判处吴某豪等9名被告人有期徒刑六个月至三年不等，均适用缓刑，并处罚金人民币1500元至3000元不等。各被告人未上诉，判决已生效。

三、教育治理

在办案过程中，上虞区人民检察院主动与涉案学生所在的外省学校加强联系，共同开展协同帮教等工作，通过了解学生在校表现材料、安排心理辅导老师谈心谈话等方式，对涉案学生行为危害、悔罪表现、能否继续接受教育等情况进行评估。同时，校方还制定罪错学生后续在校学习监督管理预案，并向当地教育部门汇报。最终，经三方反复沟通和教育部门同意后，所在学校对其中7名涉案学生保留学籍，上虞区人民检察院依法提出适用缓刑建议。目前，有3名涉案中专生顺利升为大专生。

上虞区人民检察院持续加强与校方跨省联系，通过微信公众号云分享“两卡”犯罪典型案例及“反诈”主题宣传视频等素材。同时，面向本地多所大学、高中近万名师生开展以防范“两卡”犯罪为主题的“开学第一课”宣讲活动，通过搭建检校协作平台，形成了“打击一协作一预防一宣传”于一体的社会综治型办案机制。

四、典型意义

从“断卡”行动情况看，犯罪分子大量收购银行卡、非银行支付账户等用于接收、转移赃款，绕过金融监管，导致诈骗资金迅速流转、拆解、混同，极大地增加了打击犯罪和追赃挽损的难度，社会危害巨大。对于非法出租、出售包括银行卡在内的“两卡”行为，检察机关要坚持源头打击、全链条惩治。既要依法打击涉“两卡”犯罪行为，又要深挖上下游犯罪线索，依法严惩电信网络诈骗、网络赌博等犯罪团伙，努力铲除整个犯罪链条。

对于涉“两卡”违法犯罪的在校学生，检察机关要坚持惩治与挽救相结合，全面、准确评价起诉必要性，依法、精准提出量刑建议。对于依法需要提起公诉，但被告人具有从犯、认罪认罚、退赃退赔等从宽情节的，可以提出轻缓的量刑建议。要注重做好办案“后半篇文章”，检察机关和教育部门、相关学校要加强沟通联系，根据涉案学生的犯罪情节、认罪悔罪态度、在校一贯表现等情况，在法律政策允许的范围内，给予犯罪情节较轻的涉案学生以继续留校完成学业的机会。同时，加强思想工作和批评教育，使其真正认识错误，悔过自新，努力成为合格守法公民。

案例 4　许某帮助信息网络犯罪活动不起诉案

一、基本案情

许某，2001 年 3 月出生，系某职业技术学院在校学生。

2020 年 6 月，许某高考后为寻找暑期兼职，联系朋友程某（另案处理）帮忙介绍工作，程某介绍许某办理银行卡出售给他人使用，每张卡价格人民币 100 元。许某按程某要求先自行办理了一张手机卡，后在程某带领下在 7 家银行各办理了 1 张银行卡，并将上述 7 张银行卡和手机卡交给程某，程某向许某转账人民币 200 元（另有人民币 500 元尚未实际支付）。交付银行卡后，程某告知许某银行卡系用于为他人转移赃款。许某为了赚钱，未采取补救措施。经查，上述7张银行卡被他人用于实施电信网络诈骗犯罪，被害人转入资金共计人民币22万余元。

二、诉讼过程

2020年10月12日，安徽省合肥市肥东县公安局以许某涉嫌帮助信息网络犯罪活动罪移送起诉。肥东县人民检察院在审查起诉过程中，到许某所在学校调取相关资料。当地教育部门积极配合，提供了许某的在校证明和日常表现。经工作了解，许某在校期间表现良好，无其他前科劣迹。许某到案后如实供述了犯罪事实，认罪认罚并积极退赃。2020年11月11日，肥东县人民检察院依法对许某作出不起诉决定。收卡人程某因涉嫌其他犯罪事实被另案处理。

三、教育治理

结合本案办理，肥东县人民检察院到许某所在高中及相关学校开展反电信网络诈骗和防范“两卡”犯罪宣讲。通过检察官讲述典型案例、揭示犯罪手法，教育引导学生树立正确的金钱观、消费观，提高风险防范意识。当地教育部门和相关学校高度重视，积极提供宣讲平台，加强检校合作，共同将“保护学生权益、加强网络空间治理”落实到日常教学管理中。

四、典型意义

实践中，在校学生容易被贩卡团伙拉拢、利诱，成为犯罪“工具人”。这之中，有的由于不正确的消费观、价值观，为了金钱利益，非法开办、出售“两卡”；有的在寻找实习机会、社会兼职过程中，由于法治观念淡薄，被犯罪团伙所利用，步入犯罪陷阱；有的交友不慎、识人不明，在所谓“朋友”“老乡”的引诱、教唆下出租、出售“两卡”。

办理涉“两卡”案件，对涉案学生要以教育、挽救、惩戒、警示为主，努力实现办案“三个效果”的有机统一。检察机关要加强与教育部门、相关学校的沟通联系，充分了解其学习情况、在校表现，是否具有帮教条件，综合评判起诉必要性。对于犯罪情节轻微，认罪态度较好的，检察机关可以依法作出不起诉决定，并会同教育部门和相关学校加强教育管理，帮助学生迷途知返、走上正途。

要坚持预防为先的理念，注重源头治理、综合治理，坚持齐抓共管、群防群治。检察机关和教育部门、相关学校要共同深入推动反电信网络诈骗和防范“两卡”违法犯罪校园宣传活动，发挥案例的教育警示作用，防止在校学生成为犯罪“工具人”。

案例5　郭某、张某诈骗不起诉案

一、基本案情

郭某，2000年6月出生，系某师范学校在校学生。

张某，2000年1月出生，系某师范学校在校学生。

赵某强、丁某、邵某飞、郭某立，1994年至2001年出生，均无固定职业。

2019年10月至12月，赵某强、丁某注册“古宝在线”“兴源在线”微信公众号，伙同邵某飞、郭某立，冒充古玩交易平台，以帮助被害人出售古董收藏品，需要缴纳“平台入驻费”“专家评估费”的方式实施电信网络诈骗，并招募郭某、张某等人作为财务人员提供微信二维码收取诈骗资金。郭某、张某明知郭某立等人从事诈骗犯罪，仍然按照授意将微信昵称和头像改为与诈骗平台同名的“古宝在线”，骗取被害人信任并收取诈骗资金。郭某、张某收款后，立即将被害人拉黑，并通过微信、支付宝全额转账给郭某立，郭某立给予郭某、张某每笔转账

10元到30元不等的提成。

经查，郭某、张某参与诈骗金额分别为人民币1.6万余元和5800元。

二、诉讼过程

2020年1月15日，江苏省太仓市公安局以赵某强、丁某、邵某飞、郭某立、郭某、张某等6人涉嫌诈骗罪提请批准逮捕。同年1月22日，太仓市人民检察院依法对赵某强、丁某、邵某飞、郭某立等4人批准逮捕。鉴于郭某、张某系在校大学生，参与诈骗犯罪数额不大，获利较少，有自首情节，太仓市人民检察院主动联系二人所在的外省学校，开展社会危险性评估。综合二人的犯罪情节、悔罪态度，以及在校表现、校方帮教等因素，依法以无社会危险性不批准逮捕，公安机关对其取保候审。考虑到郭某、张某二人生活、学习均在外省，太仓市人民检察院建议太仓市公安局与当地公安机关、社区及所在学校建立联系，采用远程视频、微信、电话等方式加强日常沟通，了解二人在取保候审期间的思想状况和行为表现，防止出现监管“真空”。

2020年3月20日，太仓市公安局以诈骗罪对赵某强等6人移送起诉。2020年6月20日，太仓市人民检察院以诈骗罪对赵某强、丁某、邵某飞、郭某立等4人提起公诉。鉴于郭某、张某犯罪情节轻微，自首并认罪悔罪，在取保候审期间严格执行相关规定，积极配合公安、司法机关办案，综合全案情况，依法作出不起诉决定。2020年8月17日，太仓市人民法院以诈骗罪分别判处被告人赵某强、丁某、邵某飞、郭某立等4名被告人有期徒刑一年三个月至三年不等，并处罚金人民币4000元至1万元不等。各被告人未上诉，判决已生效。

三、教育治理

针对本案反映出的在校大学生提供收款二维码参与诈骗犯罪的问

题，太仓市人民检察院向涉案学生所在学校发出《风险提示函》，提醒学校加强学生兼职就业风险防范教育，提高学生辨别防范能力。该校以此案为契机，针对风险提示内容，通过开展主题班会、全校学生大会、家长座谈会等方式加大宣传力度。太仓市人民检察院积极通过法治进课堂、模拟法庭等举措，在本地学校开展以案释法，提升在校学生的法律意识。郭某、张某被不起诉后，二人已顺利毕业走上工作岗位。

四、典型意义

检察机关在审查逮捕时，要贯彻“少捕慎押”理念，全面准确把握逮捕条件。对于学校和居住地不在本地的学生，要加强与所在学校联系，综合评估其犯罪行为、社会危害、一贯表现、认罪态度等因素，充分考虑所在学校、社区管理教育能力，从能够保障诉讼办案、有利于学生完成学业的角度出发，对于采取取保候审足以防止发生社会危险性的，可以依法不批准逮捕。

犯罪嫌疑人被取保候审后，检察机关要会同公安机关，保持与涉案学生所在学校、居住社区和家长的联系，跟踪了解学生日常表现。相关学校和学生家长要共同承担起监督管理职责，加强教育挽救，促使涉案学生真诚悔过，督促其遵守取保候审规定，确保诉讼活动的顺利进行。

教育部门和相关学校要加强对学生兼职就业的教育引导，规范学校内的兼职就业活动，及时提示风险，帮助学生提高辨别违法犯罪的能力，防止在兼职就业过程中落入违法犯罪“陷阱”。

司法实务问题研究

审判视角下的量刑建议运行研究

——以湖州法院认罪认罚案件为样本

浙江省湖州市中级人民法院课题组*

引　言

量刑建议是指在刑事审判中，检察机关围绕被告人应判处的刑罚种类、刑期幅度等向法院提出并作为法院量刑裁决参考的建议。① 2010年，最高人民法院、最高人民检察院、公安部、国家安全部、司法部印发《关于规范量刑程序若干问题的意见（试行）》的通知，第一次以规范性文件的方式对量刑建议提出要求。2016 年，认罪认罚从宽制度试点工作推开，量刑建议日益凸显重要地位，被认为是“诉讼主体间进行博弈的焦点所在”②，关乎认罪认罚从宽制度的价值实现。2018 年，经刑事诉讼法修正，认罪认罚从宽制度正式立法化，量刑建议也被写入法律，要求所有认罪认罚案件，检察机关均应提出量刑建议。2019 年，

---

* 课题组成员：王怡、陈克娥、赵芳、江啸啸、李玉文、黄帆、沈怡侃

① 参见陈瑞华：《论量刑建议》，载《政法论坛》2011 年第 2 期。

② 吴冬、张冬武、吴海伦：《认罪认罚从宽改革中量刑建议研究》，载《人民检察》2017 年第 17 期。

《最高人民法院、最高人民检察院、公安部、国家安全部、司法部关于适用认罪认罚从宽制度的指导意见》（以下简称《指导意见》）进一步要求检察机关原则上要提出确定刑量刑建议。制度立法化后，如何在实践层面得以大幅推开和有序运行，使之符合立法初衷并顺应司法改革方向，将是今后实践探索和深层思考的重点。本文试以湖州法院近两年办理的认罪认罚案件为研究样本，通过考察量刑建议的运行现状，梳理归纳问题，探讨规范量刑建议的有效路径。

一、现状考察

湖州不属于认罪认罚从宽制度的试点地区，认罪认罚工作起步较晚。2018 年刑事诉讼法修正后，认罪认罚从宽制度全面实施，经过两年的积极探索，湖州地区认罪认罚工作持续推进，渐入正轨。

（一）总体状况

湖州法院办理的认罪认罚案件基本由检察机关启动认罪认罚从宽程序，检察机关在提起公诉时附带提出量刑建议，并向法院移送由被告人签署的《认罪认罚具结书》和《认罪认罚从宽制度告知书》，最终由法院裁判予以量刑，认罪认罚工作总体较为平稳、有序。2019 年，湖州法院共办理认罪认罚案件 1539 件 2037 人，占同期审结刑事犯罪总数的 40% 和 34.7%。2020 年，湖州法院办理认罪认罚案件共 2745 件 3987 人，占同期审结刑事犯罪总数的 85% 和 80%。在认罪认罚从宽高适用率的基础上，经过法、检两家的沟通、配合，98.8% 的认罪认罚案件裁判结果在检察机关的量刑建议幅度内，实现了高采纳率。

（二）主要特点

1. 认罪认罚集中在轻罪案件，量刑建议以轻缓刑罚为主

湖州地区认罪认罚案件中 88.9% 为判处三年以下有期徒刑的轻刑案件，涉及罪名主要集中在危险驾驶罪、盗窃罪、诈骗罪等，案情较为

简单。虽然刑事诉讼法及《指导意见》对认罪认罚从宽制度的适用范围并无限制，理论上所有的刑事案件都可以适用，但由于重罪案件涉及被告人人身自由乃至生命权，又关乎被害人权利保障，与轻罪案件在诉讼程序、协商空间、社会危险性、社会关注度等方面存在较大差异，因此，检察机关对重罪案件适用认罪认罚从宽制度及提出十年以上有期徒刑量刑建议的比例很低。

2. 量刑建议总体质量较好

通常认为，衡量量刑建议质量效果最直观的指标是采纳率，如前所述，湖州法院量刑建议采纳率较高。除了采纳率外，认罪认罚案件的上诉率及二审裁判情况，同样可以从侧面反映量刑建议的质量。两年间，共64名被告人在认罪认罚后提出上诉，上诉率仅为1%，低于其他刑事案件15个百分点。其中有部分被告人提起上诉，主要是为了“留所执行”，因此上诉后撤诉的比例也较高，达39%。

3. 确定刑建议成为主流

刑事诉讼法没有对量刑建议的提出方式作出规定。随着最高人民检察院提出量刑建议精准化改革主张，倡导检察机关在认罪认罚从宽制度中发挥主导作用[①]，确定刑建议的提出比例开始被纳入检察机关考核范围，《指导意见》也进一步要求检察机关应当就主刑、附加刑、是否适用缓刑等提出量刑建议，且“一般应当”提出确定刑建议。湖州地区的量刑建议工作进展非常具有典型性，2019年，检察机关提出主刑、主刑+附加刑的量刑建议数量基本持平，提出确定刑建议的数量略高于幅度刑数量。到了2020年，在内部刚性要求的督促下，检察机关逐步转向对“主刑+附加刑”均提出量刑建议并以提出确定刑建议为主，

① 参见每周社评：《在认罪认罚从宽制度中发挥主导作用》，载《检察日报》2019年5月20日。

确定刑建议成为主流，占全部量刑建议数量的89.6%。（见图1）

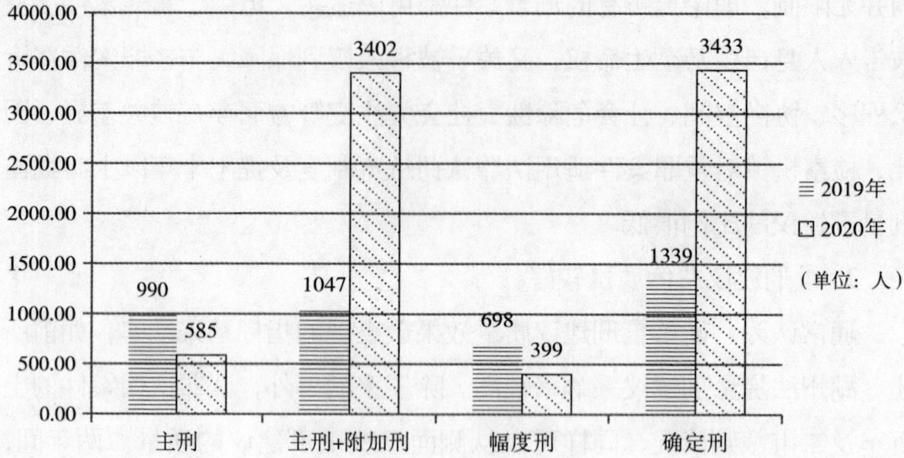

图1　湖州地区量刑建议数据分析

4. 二审阶段探索适用认罪认罚从宽制度

《指导意见》明确了认罪认罚从宽制度贯穿刑事诉讼全过程，适用于侦查、起诉、审判各个阶段。虽然到了二审阶段，认罪认罚从宽制度实现案件繁简分流、提高诉讼效率、节约司法资源的价值目标已经很难实现，但从案件的妥善处理，实现“三个效果”的统一以及“通过建立对认罪认罚的普遍认同机制来落实我国宽严相济刑事政策”① 的角度来说，如果被告人在二审期间真诚悔罪，认罪认罚从宽制度仍有适用空间，可以依法适用，且应用尽用。两年间，共7件案件在二审程序中适用认罪认罚从宽制度，最大限度地起到了化解社会矛盾的良好效果。

① 参见叶青、吴思远：《认罪认罚从宽制度的逻辑展开》，载《国家检察官学院学报》2017年第1期。

二、运行困境

认罪认罚从宽制度是在司法体制改革的背景下，对宽严相济刑事政策的具体贯彻。湖州地区的认罪认罚案件尽管总体运行平稳，但作为制度“重心”的量刑建议，在实践中仍存在不少问题，偏离立法所追求的价值目标，这也是改革进程中不能回避的问题。

（一）量刑建议的生成：合意程度低

《指导意见》首次引入“协商”概念，要求检察机关在提出量刑建议前，与被告人“尽量协商一致”。控辩双方充分协商是发挥认罪认罚从宽制度价值的关键所在，但现阶段量刑建议的“合意”属性尚不能充分体现出来。

1. 控辩地位不对等，格式化告知严重

实践中，从量刑协商的启动到意见的听取以及具结书的签订都由检察机关绝对主导，被告人对等协商能力不足，实际上处于被动地位。检察机关拟定量刑建议后，如果被告人及其辩护人或值班律师没有意见就直接签署《认罪认罚具结书》和《认罪认罚从宽制度告知书》。而《认罪认罚具结书》和《认罪认罚从宽制度告知书》都存在高度格式化的问题①，检察机关对犯罪事实认定、适用法律依据等缺乏全面、深入的解释，对认罪认罚的法律性质和后果、可能的风险及享有的权利等也没有进行充分告知，个别案件中甚至没有告知被告人具体指控的犯罪事实，亦有违反法定程序，未到场而直接将具结书和告知书交由辩护人带

① 《认罪认罚具结书》一般包含犯罪嫌疑人基本信息、权利知悉、认罪认罚内容与自愿性声明等四项内容，均为概括性的格式化条款。《认罪认罚从宽制度告知书》主要是对制度流程与控审职权的介绍，几乎没有任何权利与风险告知内容。

给被告人签署的情形。[①] 被告人在没有理解并接受量刑建议具体内容含义的情况下，只能要么接受要么放弃，影响认罪认罚的真实性、自愿性。

2. 释法说理不充分，假认罚风险上升

部分被告人出于恐惧、无知或自身利益考虑，有时会单方面迎合检察机关给予的“量刑优惠”，到了庭审中又拒绝认罪认罚，或以量刑过重为由认罪不认罚，或在一审判决后提出上诉，认罪认罚不服判。为避免对此类行为产生示范效应，检察机关常以撤回量刑建议或提出抗诉等方式进行制约。[②] 这些方式固然有利于惩戒一部分违背具结的被告人，促使其遵守协商承诺，但不应忽视假认罪问题产生的根源是在量刑建议生成过程中检察机关与被告人之间协商不充分，没有充分挖掘被告人认罪认罚时的内心状况和真实意图。有时候，被告人在庭审中对量刑提出意见或上诉，并非全然无理，若一刀切地处理，不仅增加司法运行成本，而且可能弱化司法权威。

（二）量刑建议的提出：能力水平不足

认罪认罚从宽制度有效运行的基础是检察机关提出适当的量刑建议。相较于法院开展多年量刑规范化改革的能力累积，检察机关的量刑水平和量刑经验均有所欠缺，难以满足实际工作需要，也在一定程度上制约认罪认罚从宽制度的发展。

1. 量刑考量因素把握不全面，量刑建议准确性不够

量刑是一个复杂的过程，并非检察机关的主业。由于长期缺乏训

---

① 如刘某贩毒案中，被告人在庭审中反映签署具结书时公诉人不在场，公诉人表示已经把告知文书让辩护人带去，被告人同意就签，不同意则不勉强，公诉人无须在场。经法庭告知检察机关应当与被告人协商，并告知权利、听取意见，公诉人当庭表示不赞同。

② 如杨某某等 14 人非法经营案中，杨某辉等 10 人在一审中认罪认罚并签署具结书，判决后原认罪认罚的 10 人中有 9 人提出上诉，理由均是认为量刑过重，要求从轻处罚，检察机关就此提出抗诉。

练，检察机关对量刑法律规范的掌握不够透彻、对量刑标准和量刑方法的运用不够熟练、对量刑情节的考察不够准确，导致量刑建议准确性不够，如违反法律规定，对应当数罪并罚的未并罚、数罪并罚时罚金计算错误、有期徒刑缓刑考验期限适用错误、缓刑考验期内犯新罪而未撤销缓刑等；[①] 又如未充分考虑前科、累犯、自首、赔偿等法定或酌定的量刑情节以及刑事司法政策等。[②] 再如个别案件中，检察机关对证据收集不足和审查不严，[③] 也容易影响量刑建议的准确性。

2. 过于追求确定刑建议，量刑建议均衡性不足

量刑不均衡是量刑规范化改革的重要动因，[④] 而确定刑建议由于没有给审判预留空间，更易加剧量刑不均衡现象。不同检察院之间、同一检察院不同检察官之间对类似案件提出的量刑建议差异较大，甚至同一检察官，在类案量刑上也存在不均衡的现象。[⑤] 除了个案个罪外，对于有多被告人的共同犯罪案件，检察机关往往仅考察部分认罪认罚被告人的犯罪事实和量刑情节，而忽视综合判断全案多名被告人的刑罚处理，

① 如余某某贩卖毒品案中，前罪罚金3000元，后罪罚金2000元，数罪并罚罚金应为5000元，原量刑建议罚金4000元，违反刑法第六十九条第三款规定；张某某赌博案中，原量刑建议有期徒刑八个月，缓刑十个月，违反刑法第七十三条第二款规定。

② 如章某某妨害公务罪，原量刑建议对被告人适用缓刑，根据2020年1月《最高人民法院、最高人民检察院、公安部关于依法惩治袭警违法犯罪行为的指导意见》规定，对实施暴力袭警构成犯罪的，一般不得适用缓刑。

③ 如常某侵犯公民个人信息案中，被告人非法获取公民个人信息用于推销盗版书籍，涉嫌侵犯知识产权犯罪，但检察机关未就此追加起诉或进一步补充侦查。

④ 熊秋红：《认罪认罚从宽制度中的量刑建议》，载《中外法学》2020年第5期。

⑤ 如王某某妨害公务案与张某其妨害公务案，由同一公诉人办理。在具体犯罪情节上，王某祥在民警将其胳膊反扭过程中，将民警左前臂咬伤，而张某其先是辱骂民警，意图用空酒瓶砸民警，后使用木棍击伤民警左臂，并用脚踢方式对倒地民警进行殴打，明显更为恶劣，但两案原量刑建议均为有期徒刑六个月。

在区分主从地位和作用大小以及量刑情节的不同，导致共犯间量刑不平衡。①

3. 轻罪宽减不明显，重罪从宽幅度不科学

认罪认罚从宽制度中的“从宽”既包括实体上的从宽处理，也包括程序上的从简从速。但程序简化更多意义是为了提高诉讼效率，减轻司法机关负担，被告人更关注的是刑罚的轻重，即实体上的从宽。实践中，认罪认罚案件主要集中在轻罪案件，本身的法定刑幅度范围较窄，检察机关对认罪认罚和不认罪认罚、早认罪认罚和晚认罪认罚等未作细化区分，量刑建议宽减不明显，无法体现从宽的实际意义。在不诉的尺度上把握过于严格，个别可以不起诉的案件被提起公诉，造成司法资源浪费，如免予起诉案件。在是否适用缓刑上存在随意性，部分案件未委托犯罪嫌疑人居住地的社区矫正机构进行调查评估，也未自行调查评估就建议适用缓刑，② 部分案件被告人符合缓刑适用条件而未建议适用缓刑。两年间，共有 16 件案件原量刑建议适用缓刑，后调整为实刑，6 件案件原量刑建议未适用缓刑，后调整适用缓刑。与之相对的，对重罪案件尤其是可能判处无期徒刑、死刑的案件，在能否适用认罪认罚从宽制度以及从宽的幅度方面又过于“大胆尝试”，③ 个别案件未综合考虑犯罪情节、危害后果、悔罪表现，没有退赃退赔、赔偿损失、被害人不

---

① 如卢某成、李某进等贩卖毒品案中，卢某成贩卖甲基苯丙胺克数比李某进多，但卢某成原量刑建议反而比李某进轻；吴某林、仙某忠非法狩猎案中，吴某林在共同犯罪中起的作用大，且系累犯，仙某忠作用较小，但吴某林原量刑建议反而比仙某忠轻；被告人张某平、林某茂等诈骗案中，张某平、林某茂均为诈骗小组小组长，张某平小组诈骗金额 105 万元，林某茂小组诈骗金额 35 万元，但两人原量刑建议完全相同。

② 如被告人李某前寻衅滋事案中，原量刑建议适用缓刑，后经法院委托，当地司法局出具调查评估报告，认为被告人前科劣迹较多，不具备社区矫正适用条件，故判决实刑。

③ 于潇、郭璐璐：《重罪案件如何适用认罪认罚？最高检：符合条件的大胆尝试》，载最高人民检察院网站 https://www.spp.gov.cn/spp/zdgz/202001/t20200121_453385.shtml，访问日期：2021 年 5 月 14 日。

谅解或不同意从宽处理，仍然决定从宽且从宽幅度过大，[①] 违反一般司法认知，可能对社会大众的公正感产生冲击。

（三）量刑建议的采纳与调整：法、检认识不统一

从一般法理上讲，量刑裁判属于法院的固有权力，而量刑建议只是检察机关的求刑申请，当量刑意见发生冲突时，求刑权应该服从于裁判权。[②] 但在认罪认罚从宽制度中，刑事诉讼法构建了人民法院"一般应当采纳"检察机关量刑建议的特殊规则，使得对量刑建议的采纳与否，成为法、检分歧的焦点所在。

1. 审查标准不明确，引发控审冲突

区别于不认罪认罚案件法官可以直接行使裁判权，认罪认罚案件中法官的裁判权受到限制，刑事诉讼法和《指导意见》都设置了量刑建议"明显不当"时的告知调整程序，但对何为明显不当，未作进一步解释。规则不明导致对"明显不当"的判断，法、检存在不同认识。对法院而言，鉴于司法责任制的要求，法官作为裁判者，对案件负有"严格依法履行实质审查职责"，[③] 为了规避可能引发的错案追究责任，倾向于从严把握，即对量刑建议不符合适当性要求的，不予采纳并告知检察机关调整，部分量刑建议与法院裁决仅相差一二个月，引发检察机关不满。而对检察机关来说，为了进一步提升量刑建议采纳率等硬性考核指标，对法院是否采纳量刑建议较为关注，除了量刑建议明显违反法

---

① 如被告人蔡某故意杀人、盗窃案，被告人因琐事将被害人杀害后，藏匿尸体，取走被害人的金项链等财物予以变卖，开走被害人的汽车，并利用被害人的手机在微信上冒充被害人骗取被害人亲友钱财。案发后，被告人虽认罪认罚，仅赔偿1万元，未取得谅解，量刑建议为死缓。一审法院综合被告人的犯罪情节、犯罪后的赔偿情况、被害人家属的态度等，判处死刑。被告人上诉后，二审维持。

② 参见闫召华：《"一般应当采纳"条款适用重的"检""法"冲突及其化解——基于对〈刑事诉讼法〉第201条的规范分析》，载《环球法律评论》2020年第5期。

③ 胡云腾：《正确把握认罪认罚从宽保证严格公正高效司法》，载《人民法院报》2019年10月24日。

律规定错误的外，在涉及类案平衡、犯罪情节轻重、主观恶性、再犯可能性、社会影响等问题上，对法院告知调整的，心理上不能接受，在个别案件中持排斥心理，直接告知辩护人、被告人是法院建议量刑变动，① 严重损害司法权威。

2. 沟通调整不顺畅，影响诉讼效率

虽然目前量刑建议的采纳率很高，但其中相当一部分量刑建议的采纳经历了“告知——调整”。对于告知调整是属于工作层面的要求还是法定义务、应以怎样的方式告知等问题，法、检之间也存在不同的认识。从法院观点来看，倾向于认为“这是工作层面上的要求，不是法定义务”②。而检察机关则认为这是法定程序。③ 无论告知属性如何，法院都不排斥进行告知，实践中较令人头疼的是与检察机关的沟通不畅问题。如前所述，由于对量刑建议需要调整的审查标准认识不一，法院往往需要多次与检察机关沟通，除了法官外，有些案件还需由院、庭长出面协调，为确保工作留痕，在口头沟通无果的情况下还需书面函告。整个过程下来需要耗费大量时间、精力，不仅额外增加了工作负担，而且拉长了案件审理期限，使得原本可以通过审判程序速裁化、简易化实现案件繁简分流、节约司法资源、提高司法效率的认罪认罚案件无从发挥其价值功能。

---

① 如被告人张某儿交通肇事案中，原量刑建议对被告人适用缓刑，但被告人是在视线良好、道路不拥堵的情况下，在中心城区将正在走斑马线的行人撞飞，且速度较快无刹车，经公安补充测速鉴定，法院综合裁量认为不适用缓刑。公诉人告知被告人及辩护人是法院不建议适用缓刑。

② 杨立新：《对认罪认罚从宽制度中量刑建议问题的思考》，载《人民司法》2020年第1期。

③ 参见孙长永、冯科臻：《认罪认罚案件抗诉问题实证研究——基于102份裁判文书的分析》，载《西南政法大学学报》2020年第4期。

三、对策建议

（一）提高辩方参与度，保障量刑协商实质化

从制度设计之初，认罪认罚从宽制度就被赋予通过公正合理的控辩协商机制，充分兑现宽严相济刑事政策的“从宽”要求，引导和激励犯罪嫌疑人、被告人认罪认罚，从而有效地实现惩罚犯罪和保障人权的目的。[①] 为了充分发挥认罪认罚协商性司法所蕴含的价值内涵，必须打破以往由检察机关单方决断的局面而转为控辩充分协商、凝聚共识。一方面，坚持全面告知与“释明”相结合的原则，检察机关应就量刑建议的事实基础、法律依据等进行充分说理，避免辩方由于信息不对称而处于不利地位，增强协商双方的对等性以及协商的实质性。充分听取辩方尤其是被告人本人的意见，有效探究被告人认罪悔罪的内心状况，预防虚假认罪风险。严格规范认罪认罚具结书的签署程序，进行全面记录或同步录音录像，确保认罪认罚的真实性和自愿性。另一方面，积极探索辩方参与量刑建议生成的深度和广度，使其不仅是“事实”信息的提供者，同时成为案件处理走向如罪名、量刑等的“意见”表达者。[②] 考虑到现阶段绝大多数犯罪嫌疑人、被告人都只能靠值班律师提供法律帮助，而值班律师实行轮岗制，多为年轻、新晋律师，多数仅起到法律咨询的作用，难以有效保障犯罪嫌疑人权利。为补齐短板，有必要进一步完善值班律师的诉讼权利，明确值班律师的法律义务和责任，提升值班律师对认罪认罚案件的参与度。

（二）尊重司法规律，推动量刑建议规范化

认罪认罚从宽制度实施以来，量刑建议在准确性、均衡性及从宽幅

---

① 参见孙长永：《认罪认罚从宽制度的基本内涵》，载《中国法学》2019 年第 3 期。

② 参见魏晓娜：《结构视角下的认罪认罚从宽制度》，载《法学家》2019 年第 2 期。

度把握上均存在不足，从一定意义上说，前期量刑建议的高采纳率是以法、检反复沟通调整、牺牲诉讼效率为代价的，解决出路是量刑建议规范化。“量刑建议规范化与量刑规范化遵循相同法理”①，量刑建议规范化应以法院量刑标准作为量刑建议的标准，借鉴法院多年审判实践中积累的量刑规范化成果，提升量刑建议的能力和水平，确保量刑建议的质量。同时，应当尊重认罪认罚从宽制度的发展演进规律，祛除现有不合理的目标任务。

首先，结合人民群众接受程度，适当限制重罪案件适用。《指导意见》确立认罪认罚从宽制度原则上适用于所有刑事案件，范围之广超出了所有大陆法系国家控辩协商类制度的先例。目前，认罪认罚从宽制度还处在初期推广阶段，制度的价值功能尚未完全发挥，人民群众对制度的适用也存在误解和疑虑，有必要适当限制适用案件范围。对重罪案件尤其是因杀人、爆炸、抢劫、强奸、绑架等暴力性犯罪等可能被判处十年以上有期徒刑、无期徒刑、死刑的，以及危害国家安全犯罪、恐怖活动犯罪、黑社会性质组织犯罪、重大毒品犯罪或者特别重大贪污、贿赂犯罪等特殊案件，属于现阶段重点打击的对象，不宜都适用认罪认罚从宽制度。

其次，设置“过渡期”，分步骤、统筹推进确定刑建议。虽然确定刑建议已被《指导意见》确立为量刑建议的基本形式，但量刑建议精准化应当是一个从“幅度”到“点”不断精确化的过程②，不可能对所有案件一刀切，也不可能一蹴而就。检察机关可将确定刑建议作为目标，根据本地实际情况设置二至三年的过渡期，在过渡期内区分案件类型适当提高幅度刑建议比例，尤其对被告人人数众多、同案犯刑期难以

① 王刚：《认罪认罚案件量刑建议规范化研究》，载《环球法律评论》2021年第2期。

② 董坤：《认罪认罚案件量刑建议精准化与法院采纳》，载《国家检察官学院学报》2020年第3期。

平衡、量刑情节错综复杂等提出确定刑建议难度较大的案件，提出区间合理的幅度刑建议。通过设置过渡期渐进式地过渡到全面提出确定刑建议，能够为检察机关自身能力提升提供充足的时间保障，也能够在满足被告人稳定的量刑预期的基础上，为法院合理采纳量刑建议预留空间。

再次，注重从宽方式差异化。扩大非羁押强制措施和酌定不起诉的适用，依法能不捕的不捕，能不诉的不诉，充分发挥认罪认罚从宽制度的效率价值。积极开展社会调查评估，提前介入了解情况，提高缓刑建议的准确性和科学性。准确把握刑事司法政策，对初犯、偶犯、过失犯、未成年犯等，依法给予较大幅度的从宽。对于涉财案件，是否积极退赃退赔作为判断犯罪嫌疑人、被告人认罚态度的重要考虑因素。保护被害人合法权益，充分听取被害人的意见，为被害人提供法律救助，尽量做好赔偿工作，促成当事人自愿达成和解。如周某、周某宇故意伤害案，二审期间，二被告人自愿认罪认罚，经多方不断做调解工作，被告人一方一次性将200余万赔偿款全部付清，双方达成和解，被害人一方对二被告人谅解，不再主张任何赔偿、补偿，检察机关建议对周某适用缓刑，建议对周某宇从轻处罚并提出幅度量刑建议，二审法院采纳检察机关的量刑建议，案件的办理取得较好的法律效果和社会效果。

（三）坚持以审判为中心，增强庭审实质化

认罪认罚从宽制度是我国刑事诉讼制度改革过程中的“中国方案”，必须沿着刑事诉讼制度改革“以审判为中心”的基本轨道。尽管检察机关在认罪认罚案件中承担了审查案件事实、展开量刑协商、提出量刑建议等工作，但并不意味着检察机关成为案件处理的实质影响者乃至决定者，“以审判为中心”的改革方向没有变化，量刑建议也没有超出“求刑权”的范围，法院依旧拥有司法审查权和量刑裁量权，依旧

是刑罚裁量的最后把关者和决定者。[①] 坚持以审判为中心，核心在于庭审实质化。认罪认罚案件大多适用简易程序或速裁程序，即使采用普通程序，按照《指导意见》第47条的规定，法庭调查与法庭辩论也被“适当简化”。但庭审程序的简化并不意味可以降低证明要求和证明标准，法院依旧要对案件进行全面审查，坚守“事实清楚，证据确实、充分，量刑建议适当”的标准。同时，应当充分赋予辩方表达量刑意见的权利，通过向被告人、辩护人发问，审查被告人认罪认罚的自愿性，认罪认罚具结书内容的真实性、合法性，以及具结书的签署程序是否正当、合法。

（四）凝聚法、检共识，建立常态化沟通调整机制

为了确保量刑建议能够得到最大限度的采纳，保障认罪认罚后的“从宽”利益能够得以顺畅实现，进而激发认罪认罚从宽制度的内生动力。法、检应在坚持底线“制约”的基础上凸显“配合”，即“相互配合”应被放到更高位置，“相互制约”则应退居其次，甚至面临着如何加强沟通、形成协同的问题[②]。法、检要改变现阶段量刑沟通交流的个案化、临时性状况，建立常态化的量刑沟通交流机制，交换意见，凝聚共识，就类似案件形成一套较为成熟的、共通的量刑规则和标准。要规范量刑建议调整审批程序，区别罪名、刑罚种类等明确不同的内部审批层级，细化审批流程，缩短审批时间，保障认罪认罚从宽制度的效率价值。进一步统一对“明显不当”审判标准，法院要对“基本适当”或“一般不当”的量刑建议给予必要的宽容和接纳，检察机关也要充分尊重法院的量刑裁量权，对最终裁判与量刑建议不同但无“明显不当”的，不宜提出抗诉。

---

① 参见熊秋红：《比较法视野下的认罪认罚从宽制度》，载《比较法研究》2019年第5期。

② 参见李奋飞：《论认罪认罚量刑建议与量刑裁决的良性互动》，载《暨南学报（哲学社会科学版）》2020年第12期。

新类型疑难案例选评

蒋某敲诈勒索案

张炜琳　刘俊华*

【裁判要旨】

职业索赔与职业打假两者之间容易相互混淆，要研究职业索赔的刑法定性问题首先就要将其与职业打假区分开来，这需要从行为的出发点、赔偿的请求是否合理、权利基础是否存在、索赔的手段是否合法等因素综合考量。职业打假行为能否得到法院的支持，需要进行具体的分析认定，但即使得不到法院的支持，通常也不会触犯刑法，不会构成犯罪。

但当职业索赔的维权手段超出合理的限度，且以非法占有为目的、数额达到较大的标准、情节严重的是会触犯刑法，构成敲诈勒索罪。

【基本案情】

湖北省大悟县人民法院经公开审理查明：2019 年 1 月至 2020 年 5 月间，被告人蒋某以非法占有为目的，注册多个账号并在京东商城大量下单购买第三方商家服饰类产品，后以产品标识不符合国家相关规定为

* 作者单位：湖北省大悟县人民法院。

由先后向 60 余名商家索赔 300 元到 500 元不等金额，在与商家联系、沟通过程中，商家若拒绝其要求，蒋某则向市场监督管理部门举报、威胁、大量恶意下单让商铺无法继续经营等方式相要挟，强迫商家支付款项共计人民币 16866 元。2020 年 7 月 17 日，蒋某被湖北省大悟县公安局刑事拘留，同年 8 月 21 日，被湖北省大悟县人民检察院批准逮捕并执行逮捕。2020 年 8 月 19 日，被告人蒋某家属向公安机关缴纳现金 3 万元。

湖北省大悟县人民法院认为，被告人蒋某以非法占有为目的，多次敲诈他人财物，数额较大，其行为构成敲诈勒索罪，应依法惩处。被告人蒋某归案后如实供述犯罪事实，系坦白，依法对其从轻处罚。被告人蒋某自愿接受法律处罚，对其从宽处罚。被告人蒋某积极退缴违法所得，酌定对其从轻处罚。据此，依照刑法第二百七十四条、第六十四条、第六十七条第三款，刑事诉讼法第二百零一条之规定，以敲诈勒索罪判处被告人蒋某有期徒刑十个月，并处罚金人民币 6000 元，被告人蒋某所退赃款 16866 元，由公安机关发还给各被害人，随案移送被告人蒋某的涉案手机四部依法予以没收。

一审宣判后，被告人未上诉，检察机关未抗诉，判决已经发生法律效力。

【争议焦点】

1. 职业索赔与职业打假的区别？

2. 司法实践中如何把握职业索赔的刑法定性问题及构成敲诈勒索罪的认定标准？

[评析]

职业索赔能否构成敲诈勒索罪

一、职业索赔与职业打假的区分

首先，蒋某的“维权”行为到底是职业索赔还是职业打假。要区别两者，应当从以下几个方面进行分析。

（一）行为的出发点是否相同

职业打假一般是从商品的质量出发，购买或者批量购买质量不达标的商品或者假冒侵权、伪劣产品，继而提出赔偿请求，最初或有打假的初衷，或有牟利的动机，但是在客观上有时也起到了打击假冒伪劣、威慑不法商家的目的，维护了公平的市场竞争环境；而职业索赔人主要是从商品的非实质性瑕疵，比如包装、标签、宣传用语等方面的不规范、不准确出发，继而提出不合理的赔偿请求。他们的购买行为并非为真正的消费需要，也不是为了打击假冒伪劣、净化市场，而是以牟取不正当利益为目的。

（二）赔偿的请求是否合理

职业打假人提出的赔偿请求一般是依照法律明确规定的数额要求，通常是合理的，但是不一定能得到支持。比如食品安全法第一百四十八条规定，生产不符合食品安全标准的食品或者销售明知是不符合食品安全标准的食品，消费者除要求赔偿损失外，还可以向生产者或者销售者要求支付价款十倍的赔偿金。消费者权益保护法第五十五条规定，经营者提供商品或者服务有欺诈行为的，应当按照消费者的要求增加赔偿其受到的损失，增加赔偿的金额为消费者购买商品的价款或者接受服务的费用的三倍。但是职业索赔人提出的赔偿请求则一般不太合理，有些远远超出了法律的规定范围甚至没有法律的明文规定。

（三）权利基础是否存在

职业打假人提出赔偿请求的基础依据一般是现有的法律法规，比如消费者权益保护法、食品安全法、产品质量法等，而职业索赔人前期可能存在合法的权利基础，但是在索赔过程中却往往伴随着欺诈、胁迫等不正当手段，有的甚至夹带伪劣产品或者伪造相关标签等，或者对被索赔人进行严重的干扰，涉嫌构成犯罪。

（四）索赔的手段是否合法

职业打假人在索赔过程中一般都会采取合法的手段行使自己的权利，虽说该种打假行为需要具体认定能否得到法院的支持，但是通常不会触犯刑法，而职业索赔人在索赔过程中往往伴随着欺诈、胁迫，甚至对商家的人身安全、信誉等进行威胁，使商家害怕，产生巨大的心理压力，严重的还会干扰商家正常的生产经营活动。这就涉嫌敲诈勒索。

综上，本案中蒋某并非为购买生活消费品的需要，也非从产品质量出发，而是以产品标识不符合国家规定为由进行索赔，其请求没有法律依据，全凭自己主观臆想，不具有合理性、正当性，其“维权”行为不符合职业打假的行为标准。蒋某在索赔的过程中通过威胁、恐吓商家将向市场监管部门举报等方式，让商家无法继续经营等手段相要挟，其行为明显属于以敲诈勒索的方式进行职业索赔。

以大悟县人民法院2020年审理的一起原告张某某诉被告张某清买卖合同纠纷案件为例，原告张某某于2019年12月2日在被告处购买了一箱茅台酒，后于次日又在被告处购买了一箱同批次的茅台酒，共计花了22000元。后朋友来访怀疑买到假酒，于是找到被告理论无果，因此投诉到市场监督管理局寻求帮助，经鉴定两箱酒均为假冒注册商标产品，原告诉至法院，要求被告退还购物款22000元并支付三倍的赔偿金66000元。而被告则辩称，原告没有证据证明送检鉴定的酒就是自己卖出去的酒，原告是在购买多日之后才声称购买的是假酒，存在调包的可能性，原告以买酒索赔之名行敲诈勒索之实，涉嫌敲诈勒索罪。原告为了索赔而购货，不是自用消费，不应适用消费者权益保护法。法院经审理认为，原告没有充分证据证明自己在被告处购买的酒就是送检做鉴定的假酒，遂驳回了其诉讼请求。原告不服提起上诉，二审法院作出了驳回上诉，维持原判的判决。原告因证据不足其维权的诉求被驳回，那么该案中原告的维权行为是职业打假还是职业索赔？本案原告索赔的原因主要是认为产品的质量存在问题，存在一定的权利基础，且维权手段并未超出必要的限度，并不属于职业索赔，也并未触犯刑法构成犯罪。

接下来，我们来看职业索赔在何种情况下会构成敲诈勒索罪，其认定标准是什么？

二、职业索赔转化敲诈勒索的条件

笔者认为，根据法益保护原则，犯罪的本质是侵害法益，且这种侵犯性非常严重，适用其他制裁方法不足以抑制这种行为，而其排除犯罪的理由可以是侵犯法益的行为同时救济了另一同等或者更高价值的法益，即存在违法阻却事由。因此，职业索赔是否构成犯罪首先要看其行为是否具有民事违法性？是否侵犯了某种法益？有无违法阻却的正当理由？根据前面阐述的观点，职业索赔行为就存在这种违法性又无其他违法阻却事由，应当认定为触犯了刑法，构成犯罪。本案中蒋某的行为已经严重侵犯了商家的经营权、财产权，具有明显的违法性，而像类似于蒋某的这种职业索赔是否构成敲诈勒索罪，除了符合犯罪的一般构成要件外，还需要着重从行为目的及手段等多个角度综合进行考量。

（一）索赔的意图：是否以非法占有为目的以及如何认定

首先，我们来看理论界对敲诈勒索罪给出的定义，它是指行为人以非法占有为目的，对他人实施威胁或者要挟，索取公私财物数额较大或者多次敲诈勒索的行为。[①] 该罪的犯罪主体为一般主体，主观方面表现

① 参见张明楷：《刑法学》（下），北京大学出版社2019年版，第179页。

为直接故意，即非法占有他人财物的目的；客观方面表现为行为人必须使用威胁或者要挟、恐吓的方法勒索财物；本罪侵犯的客体是复杂客体，不仅侵犯公私财物所有权，还危及他人人身权利或者其他权益，如企业的财产权、经营权、名誉权等。该罪的基本构成是：行为人对他人实施威胁或者要挟→对方因而产生恐惧心理→相对方基于这种恐惧心理而处分财物→行为人或第三人取得财物→受害方遭受财物损失。从上述定义中可以看出，“非法占有目的”是构成敲诈勒索罪的必备要件，即主观超过要素，刑法学界的主流观点认为目的犯中的目的无须有客观事实与之相对应。[①] 也就是说这种非法占有的目的是存在于行为人的内心深处一般不被人所察觉的，因此在认定“非法占有目的”时就存在很大的困难，笔者认为可以从以下三个方面进行分析认定：

一是有无正当的权利基础。如果行为人不具有正当的权利基础，超出了社会一般人的观念和行为标准，那么一般可以认为存在非法占有的意图，反之则不存在非法占有的意图。例如，行为人对相对人享有物权或者债权等请求权时，那么在一定程度上可以判定该行为人不具有非法占有的目的。职业打假中行为人因购买商品权益受损而要求赔偿是存在正当的权利基础的，可以判定其主观上没有非法占有的目的；而职业索赔则不然，职业索赔甚至不为生活消费而购买商品，不关注产品的质量反而追求商品的标签、标语等小瑕疵问题，显然既没有法律规定的基础，又超出了社会一般人的衡量标准。就本案而言，前面已经阐述了，蒋某的索赔行为是没有任何的正当的权利基础的，那么其主观上就可以认定为具有非法占有的故意。

二是有无实施“胁迫”行为的必要。所谓的胁迫行为是否有必要不仅要考虑社会一般人的标准，还要结合其诉求考虑胁迫行为的必要性。如果行为人不需要通过胁迫而是能够以和平协商的方式并能获得足以填补损失的赔偿，但是他却选择通过胁迫等行为获得更高的诉求。此

---

① 参见张明楷：《“客观的超过要素”概念之提倡》，载《法学研究》1999年第3期。

时，即使其本身行为性质是合法的，但是其手段行为却被认定为非法，主观上就涉嫌非法占有的故意。本案中，蒋某以产品标识不符合国家相关规定就以向市场监督管理部门举报、威胁、大量恶意下单让商铺无法继续经营等方式相要挟，该胁迫行为显然没有实施的必要性。

三是索赔过程是否超出合理限度。当索赔行为人无故放弃合法的维权途径，在交涉过程中毫无诚意，或者借由所持的所谓的“把柄”漫天要价时，那么基本可以判定其主观心态为非法占有之目的。但是需要注意的是，如果索赔的超出合理部分的数额范围是由于商家的恶劣态度等激愤原因导致时，则无须认定其主观上的非法性。

如果行为人自认为是在行使权利，而未对行为的违法性产生认识，则不宜认定为具有敲诈勒索的故意。

（二）索赔的手段：“维权”的手段是否过限

敲诈勒索罪的行为人必须使用威胁或者要挟的方法勒索财物，这也是该罪的主要特征，威胁和要挟是指对被害人及其亲属精神上的强制，使其在心理上造成恐惧、产生压力。而这种威胁或者要挟的方法有很多种，比如，准备实施暴力、揭发隐私、举报、毁坏名誉荣誉等，其形式可以是书面的，也可以是口头的，可以是明示的，也可以是暗示的。在取得他人财物的时间上，可以是迫使当场交出，也可以是限期交出，总之，威胁的结果是使受害人因为行为人的威胁产生恐惧不得已而交出财物或者默许行为取得财物。本案中，蒋某向市场监督管理部门举报、威胁、大量恶意下单让商铺无法继续经营等方式相要挟，其索赔的手段明显超出必要的限度。

（三）索赔的数额：是否达到定罪标准

敲诈勒索罪是一种重要的侵犯财产罪，而侵犯财产的数额是认定财产犯罪的重要标准，敲诈勒索的行为只有在数额较大时，才构成犯罪，数额巨大或者有其他严重情节，是本罪的加重情节。《最高人民法院、最高人民检察院关于办理敲诈勒索刑事案件适用法律若干问题的解释》

对本罪的犯罪数额进行了界定，敲诈勒索公私财物“数额较大”，以2000元至5000元为起点，“数额巨大”以3万元至10万元为起点，“数额特别巨大”以30万至50万为起点。各省、自治区、直辖市高级人民法院、人民检察院可以根据本地区的经济情况，在上述数额幅度内，适当予以调整，并报最高人民法院、最高人民检察院批准。本案中，蒋某非法索赔的金额为16866元，已经达到了敲诈勒索罪的关于“数额较大”的起点规定。

（四）索赔的情节：情节严重的认定标准

敲诈勒索罪并不是有罪就一律统一量刑，敲诈勒索的公私财物价值的数额判定及是否认定为情节严重对量刑有重大影响。所谓情节严重主要是指给社会或者受害者造成了不好的影响，比如多次实施敲诈勒索的，对他人的犯罪事实知情不报且以此为据敲诈勒索的，冒充公职人员进行敲诈勒索，等等。蒋某先后向60余名商家索赔，应当认定为多次实施敲诈勒索。

综上，法院根据蒋某索赔行为的非法占有目的、索赔手段、索赔的数额及多次索赔的事实认定其构成敲诈勒索罪，并根据其具有坦白、自愿认罪认罚、以及积极退缴违法所得等量刑情节，对蒋某作出的判决是正确的。因此，认定恶意索赔行为是否构成敲诈勒索罪首先考察有无权利基础：如果没有权利基础，可直接定性为敲诈勒索；如果有权利基础，还要看索赔人采取何种手段进行索赔。

三、法官说理

由于现行法律法规未对职业索赔作出明确的定义，而职业索赔现象却是现实存在，严重地扰乱了正常的市场秩序，侵害了消费者和商家的合法权益。为营造法治化的营商环境，对职业索赔行为必须加以严格规制，对恶意索赔构成犯罪的要进行严厉的打击，在司法实践中应当严格界定职业索赔这一行为构成敲诈勒索罪与非罪的界限。

《最新法律文件解读》丛书
稿　约

《最新法律文件解读》是一套以为最新法律规范提供同步“解读”为主的系列丛书，分为刑事、民事、商事、行政与执行4个分册，按月出版。

本丛书以“解读”为重点，突出全、专、新、快、准等特点，通过对最新出台的法律、法规、司法解释、部门规章以及重要地方性法规进行同步动态解读，弥补了法律、法规、司法解释汇编类出版物没有同步阐释、解读内容的不足，为广大读者学习理解最新法律规范，正确贯彻执行法律文件，及时解决实践中的新情况、新问题，提供一个全方位、多层面的法律信息平台。

欢迎您向以下栏目赐稿：

【最新法律文件解读】主要是对最新颁行的法律文件进行解读，帮助司法和执法人员正确理解法律文件的立法背景、意义、重点内容、在适用中应注意的问题、与相关法律文件的衔接与互动关系等。

【司法实务问题研究】主要刊登对司法理论、实务及司法管理工作中的热点、疑难问题进行研究及评论的文章。

【新类型疑难案例选评】主要是对司法和行政执法实践中具有典型性和代表性的疑难案例，结合具体案情以及审理或处理结果进行简练精辟的点评，解析认识问题的方法、处理问题的法律依据和在个案中的具体适用。

【法学前沿与新视点】以摘要的形式刊登相关法学理论研究的最新动态及具有代表性和典型性的前沿问题，扩展法学研究的深度和广度。

【法律适用问题解答】主要针对司法和行政执法实践中面临的新问题、热点问题、疑难问题进行简要的解答，指出涉及的法律关系，明确法律适用依据。

稿件一经刊用即付稿酬，稿酬从优。

《刑事法律文件解读》　　杨晓燕　邮箱：5184621@qq.com

《民事法律文件解读》　　丁丽娜　邮箱：dlnlaw@163.com

《商事法律文件解读》　　路建华　邮箱：shangshijiedu@126.com

《行政与执行法律文件解读》　　张　奎　邮箱：271717306@qq.com

人民法院出版社

《最新法律文件解读》丛书编辑部